Amy E. Gillingham, D.M.A.

Cultiver la perception

Amy E. Gillingham, D.M.A.

Cultiver la perception

Relier les schémas schématiques et le public dans les concertos pour violoncelle de Franz Joseph Haydn

ScienciaScripts

Imprint
Any brand names and product names mentioned in this book are subject to trademark, brand or patent protection and are trademarks or registered trademarks of their respective holders. The use of brand names, product names, common names, trade names, product descriptions etc. even without a particular marking in this work is in no way to be construed to mean that such names may be regarded as unrestricted in respect of trademark and brand protection legislation and could thus be used by anyone.

Cover image: www.ingimage.com

This book is a translation from the original published under ISBN 978-3-8443-3400-5.

Publisher:
Sciencia Scripts
is a trademark of
Dodo Books Indian Ocean Ltd., member of the OmniScriptum S.R.L Publishing group
str. A.Russo 15, of. 61, Chisinau-2068, Republic of Moldova Europe
Printed at: see last page
ISBN: 978-620-3-04833-9

Cultiver la perception

[1] Rosamund Stone Zander et Benjamin Zander, *The Art of Possibility* (New York : Penguin Books, 2002], 9.

Table des matières

Introduction

"Lorsque nous essayons de comprendre Haydn dans la perspective du XVIIIe siècle... nous réalisons rapidement que la musique de Haydn a apporté à ses auditeurs et à ses contemporains de la gravité, une profondeur philosophique, de la passion et une beauté complexe·

-Léon Botstein

Peut-être plus que tout autre compositeur, Franz Joseph Haydn possédait une grande capacité à faire passer la complexité derrière une façade de simplicité. À l'inverse, le compositeur pouvait prendre un motif simple et le transformer en une myriade de thèmes différents. Ces deux tendances sont en constante évolution dans les œuvres de Haydn, et selon l'angle d'analyse que l'on utilise pour voir l'œuvre, son style s'appuie souvent sur un côté du spectre de la simplicité et de la complexité. Comme il y a de nombreuses positions analytiques à explorer dans la musique de Haydn, un trait de composition qui semble complexe dans un sens peut paraître simple dans un autre sens. Comme étude de cas dans cette dualité, on peut citer le Concerto en do majeur pour violoncelle et orchestre, Hob.VIIb : 1 (ca. 1761-1765), apparemment simple, du compositeur, qui se caractérise par une utilisation basse et conservatrice de la virtuosité pour le soliste, et le Concerto en ré majeur pour violoncelle et orchestre, Hob, apparemment complexe.VIIb : 2 (1783), qui se caractérise par une tessiture plus élevée et une virtuosité dans la ligne soliste, présente deux traitements différents du genre qui proposent des idées sur l'écoute musicale et la façon dont Haydn a écrit pour son public.

La performance musicale implique trois parties : (1) le compositeur, (2) l'interprète et (3) le public. Dans le domaine de l'étude musicale, cependant, la recherche et l'érudition n'abordent généralement qu'un seul de ces aspects à la fois : la partition écrite du compositeur, l'interprétation de l'interprète ou la réception de la critique. La fusion de ces parties permet de révéler les fascinantes interconnexions qui interviennent dans l'exécution d'une pièce. La synthèse de ce matériel permet de répondre aux questions sur un compositeur et un public : S'il y a des changements distincts dans le style d'un compositeur et des changements sociologiques dans le public, quelle est la corrélation entre le style d'un compositeur et son public ?

Déterminer le sens d'un morceau de musique impose une charge considérable à la partition imprimée, qui fournit les informations les plus concrètes et les plus authentiques sur une œuvre. Les arguments fondés sur la partition ont généralement le plus de poids. Ainsi, lorsque le document propose des hypothèses basées sur des connaissances historiques ou des théories psychologiques, elles sont renforcées par des extraits de la partition. Cette -

[2] Leon Botstein, "The Nineteenth-Century Reception of Joseph Haydn", in *Haydn Studies,* ed. Dean Sutcliffe (Cambridge : Cambridge University Press, 1998), 34.

La méthodologie utilise une vérification concrète dans la partition pour mettre en évidence les liens moins tangibles, et souvent non reconnus, qui existent dans la musique entre le compositeur, l'interprète et l'auditeur.

La relation entre le compositeur et le public, bien que vague et disjonctive, existe comme une entité étroitement liée à certaines périodes et/ou certains genres de musique. Bien que le compositeur crée la musique et que le public l'évalue, la relation semble manquer d'un rôle de conversation ouvert entre les deux, surtout aux XXe et XXIe siècles. Franz Joseph Haydn, cependant, a cherché à combler ce fossé. Pour Haydn, le compositeur cherche à créer non seulement pour lui-même, mais aussi pour son public, en accordant une attention particulière à leurs intérêts et à leurs désirs. Le public, à son tour, brouille les limites du spectateur type et joue un rôle primordial dans l'interprétation, participant à la musique en tant qu'auditeur actif plutôt que passif.

Haydn suscite une écoute dynamique dans ses concertos pour violoncelle en do majeur et en ré majeur grâce à l'utilisation de schémas codifiés dans les pratiques de son temps. Écrit dans les années 1760, le concerto en do majeur de Haydn démontre une maîtrise des forces dramatiques de l'idiome du concerto ainsi qu'une maîtrise des possibilités illimitées de la forme sonate. Écrit environ vingt ans plus tard, le concerto en ré majeur, bien que maîtrisé dans sa mémorisation et sa virtuosité, est beaucoup plus simple sur le plan stylistique, ce qui contredit la complexité accrue attendue à la fin de la vie d'un compositeur et la complexité superficielle affichée dans la partie soliste. Haydn n'est certainement pas le seul compositeur à s'être tourné vers un style plus simple plus tard dans sa vie, mais ce style n'est pas cohérent parmi toutes ses œuvres de cette période. L'incohérence règne dans nombre de ses œuvres vers 1780, dont son concerto en ré majeur, et "dans aucune autre période de sa maturité, il n'y a peut-être autant d'œuvres qui semblent manquer de l'empreinte distinctive de la personnalité de Haydn".[3] Cette incohérence, plutôt que de présenter une anomalie de style, suggère une force extérieure qui a poussé Haydn à modifier ses procédures de composition.

Le style spirituel de Haydn, ainsi que son traitement libéral des modèles conventionnels, ne comprennent pas tous les aspects de la personnalité du compositeur. La dichotomie entre les styles simples et complexes est unique et cette spécificité est explorée dans ce document. Plutôt que d'utiliser uniquement une comparaison de ces styles, le discours propose la question du "pourquoi". Pourquoi le style de cette pièce est-il simple ou complexe ? La réponse à cette question découle de la relation de Haydn avec son public et de sa connaissance précise de leurs goûts musicaux et de leurs capacités de discernement. La discussion qui suit remet en question la notion selon laquelle la perception musicale repose uniquement sur l'auditeur et propose la conviction que le compositeur joue un rôle crucial dans la manière dont il souhaite que la musique soit reconnue et comprise. Ce livre soutient que la méthode de Haydn -

[3] Jens Peter Larsen, *The New Grove Haydn,* work-list Georg Feder, First American Edition (New York : W.W. Norton & Company, 1983), 101.

L'utilisation novatrice, l'adhésion et la répétition de motifs schématiques mettent en valeur les deux concertos pour violoncelle en tant que produits complémentaires de la créativité formelle, alignés sur l'esthétique du XVIIIe siècle et visant les capacités perceptives uniques de deux types de public différents.

PARTIE I : Franz Joseph Haydn et son public

Chapitre 1

La dichotomie des styles de Haydn

En synthétisant différents mélanges de traits stylistiques simples et complexes, Haydn fait preuve de dévouement envers son public. Bien qu'il soit surtout connu pour ses symphonies et ses quatuors à cordes, l'esthétique du compositeur en matière de perception de l'auditeur suppose une reconnaissance. L'auditeur est devenu encore plus important pour Haydn lorsque sa musique est devenue publique et largement diffusée. Au fur et à mesure que le public augmentait et s'élargissait, la base d'auditeurs de Haydn passa du statut de connaisseur expérimenté à celui d'amateur inexpérimenté, ce qui nécessita une modification du style de composition.

La plupart des compositeurs ne restent pas stagnants dans leur style de composition, et la plupart des compositeurs n'écrivent pas toute leur musique pour un seul public. Bien que le public ait changé au fil du temps, il a également changé en fonction du lieu de représentation. La nature de la musique de chambre place le lieu de représentation dans la maison ou dans un autre espace intime. Les genres symphoniques, cependant, nécessitaient un espace beaucoup plus grand pour accueillir le plus grand nombre d'interprètes. Cette salle plus grande offrait plus d'espace pour accueillir un public, contrairement à l'espace plus restreint de l'environnement de la musique de chambre. Plus le nombre de personnes est élevé, plus les possibilités de diversité sont grandes, ce qui permet de donner des représentations d'œuvres symphoniques à un public sensiblement différent de celui des œuvres de chambre.

Haydn savait que les différents types de public affluaient vers différents genres de musique. Un contemporain de Haydn, Johann Georg Sulzer, a déclaré que "parce que la musique de chambre est destinée aux connaisseurs et aux amateurs, une pièce peut être plus savante et plus artistiquement composée que si elle était destinée à un usage public, où tout doit être plus simple et plus cantabile pour que tout le monde puisse la saisir".[4] La musique de chambre étant destinée à un public plus restreint et plus connaisseur, les genres symphoniques étaient très adaptés au domaine public, ce que reflète la dualité stylistique de Haydn. La symphonie représente l'un de ces genres symphoniques ; le concerto était également parfaitement adapté à l'exécution publique. Souvent éclipsés par ses quatuors à cordes et ses symphonies, les concertos de Haydn

---

[4] Johann Georg Sulzer, *Allgemeine Theorie der schonen Kunste* (Leipzig, 1771-1774), cité dans Elaine Sisman, "Haydn's Career and the Idea of the Multiple Audience", in *The Cambridge Companion to* Haydn, ed. Caryl Clark (Cambridge : Cambridge University Press, 2005), 5.

6

restent sous-estimés. [5]Le concerto, contrairement à d'autres genres, est peut-être plus approprié pour un public vaste et varié. Avec le spectacle virtuose d'un soliste dynamique sur fond de dialogue orchestral dramatique, le concerto peut susciter une excitation auditive et visuelle, même chez l'auditeur le plus novice. Le stimulus de passages solos florissants, associé à une structure inclinée vers des motifs de répétition (car le soliste et l'orchestre doivent avoir chacun leur tour avec le même matériel thématique), crée une impression mémorable sur l'auditeur.

De nombreux concertos de Haydn ont certainement laissé un impact sur le public, car il en reste beaucoup dans le répertoire moderne. Parmi les plus grands de ces concertos, les deux pour violoncelle présentent la tristement célèbre dichotomie dans le style du compositeur. Contrairement aux attentes, le deuxième concerto de Haydn, le Concerto en ré majeur pour violoncelle et orchestre, Hob.VIIb : 2 (1783), utilise un style plus conservateur que le premier, le Concerto en do majeur pour violoncelle et orchestre, Hob.VIIb : 1 (vers 1761-1765).[6] Le concerto ultérieur, moins aventureux, ne reflète pas simplement une régression de l'ingéniosité, mais plutôt un compositeur ayant une conscience aiguë de son public. L'utilisation intentionnelle par Haydn de motifs musicaux spécifiques révèle des informations distinctes sur son public et l'importance de sa relation avec lui. En attirant l'attention sur les modèles formels classiques et galants, à petite et à grande échelle, on découvre des traitements variés des modèles de formules. La combinaison de ces modèles avec l'évolution du public et l'esthétique d'écoute du XVIIIe siècle offre une nouvelle perspective et une nouvelle base pour les procédures constructives de Haydn.

Chapitre 2

L'esthétique et le goût des Lumières

Les vues esthétiques de Haydn sont très proches de celles des Lumières du XVIIIe siècle dans les domaines littéraire et philosophique. Bien que Haydn ait manifesté de l'intérêt pour les œuvres littéraires clés du Siècle des Lumières, qu'il en ait été propriétaire et qu'il y ait été exposé, prouver que de telles choses ont influencé Haydn reste difficile. Cependant, les philosophies du Siècle des Lumières ont exprimé l'importance du rôle du public et il semble probable que Haydn ait fait de même. Bien que la complexité de ces relations ne puisse aller bien au-delà de la spéculation, il existe sans aucun doute des corrélations - qu'elles soient fortuites ou voulues - entre Haydn et la pensée qui l'entoure. En particulier de la fin des années 1770 au milieu des années 1880, il est problématique de considérer comme accidentel l'implication accrue

---

[5] David Schroeder, "Orchestral Music : Symphonies et concertos", dans *The Cambridge Companion to Haydn,* éd. Caryl Clark (Cambridge : Cambridge University Press, 2005), 95.

[6] Ibid, 101.

de Haydn dans le mouvement des Lumières et le changement de style musical. [7]

Sans doute l'écrivain allemand le plus populaire du XVIIIe siècle, et auquel Haydn se référait comme son héros, Christian Furchtegott Gellert croyait au principe d'écrire pour un public spécifique dans une langue qui lui était naturelle. [8] Pour le public de Haydn, le genre de la chanson - puisqu'elle contient du texte - était le plus familier et le plus facile à comprendre. Johann Mattheson, un auteur dont Haydn a lu les œuvres, décrit la musique instrumentale comme "du simple bruit" et de la "camelote inutile".[9] Bien que Haydn ne doive pas trop se préoccuper de ce point de vue, puisqu'une majorité écrasante de sa production est constituée d'œuvres instrumentales, il considère sa musique vocale comme ses meilleures compositions. Georg August Griesinger raconte : "Haydn a parfois dit qu'au lieu des nombreux quatuors, sonates et symphonies, il aurait dû écrire plus de musique vocale".[10]

En incorporant des nuances de type chanson, des associations de textures et des citations musicales dans sa musique instrumentale, Haydn a résolu son dilemme vocal/instrumental et a rendu ses œuvres sans texte plus accessibles à son public.[7] Cela a satisfait le désir ardent de Haydn pour la composition vocale tout en rendant ses œuvres accessibles à un public plus large. Surtout lorsqu'il s'agit d'incorporer des œuvres préexistantes -

[7] David P. Schroeder, *Haydn et les Lumières : The Later Symphonies and their Audience* (Oxford : Clarendon Press, 1990), 10.

[8]   Ibid, 11, 22, 25.

[9]   Ibid, 64.

[10] Vernon Gotwals, trans., intro., et notes, *Haydn : Two Contemporary Portraits* (Madison : The University of Wisconsin Press, 1968), 63.

et des chansons familières dans ses œuvres instrumentales, il pouvait immédiatement susciter la reconnaissance et le plaisir de ses auditeurs car il leur donnait un élément de familiarité. En plus de sa technique de citation, l'incorporation de thèmes nouvellement composés qui sonnent comme d'autres chansons familières - des chansons folkloriques, en particulier Haydn - pouvait déclencher le souvenir des auditeurs. Même si le phrasé ou les motifs rythmiques pouvaient créer des associations textuelles. [12] Ces techniques augmentaient les chances d'intelligibilité, un idéal du Siècle des Lumières auquel Haydn adhérait. [13]

L'importance de l'auditeur actif n'est pas unique à la seule esthétique des Lumières allemandes, elle apparaît également dans la pensée grecque. Étant donné le style international de Haydn, une approche globale des points de vue esthétiques semble pertinente. Un traité de 1810, le *Grand traité de musique de* Chrysanthos de Madhytos, dresse un portrait contemporain intrigant de l'auditeur des Lumières. Un chapitre

[7] Schroeder, *Haydn et les Lumières,* 68.

de l'ouvrage intitulé "Comportement des auditeurs de musique" décrit le rôle engagé et actif de l'auditeur de musique. Le traité vise à apprendre au compositeur comment engager l'auditeur, et bien que cette œuvre soit postérieure à de nombreuses compositions de Haydn, elle décrit des caractéristiques en accord avec la dualité des techniques stylistiques que l'on retrouve dans les œuvres du compositeur.

John. La traduction de G. Plemmenos du traité de Chrysanthos de Madhytos fournit des observations clés sur deux groupes distincts d'auditeurs : le connaisseur avancé et l'auditeur inexpérimenté. Pour l'auditeur amateur, Chrysanthos donne les conseils suivants,

> Au premier type de comportement appartiennent ceux qui, par nature ou par manque de pratique et de connaissance de la musique, loin d'être dans le même état que les insensibles à la musique, sont à peine émus par des mélodies complexes ; ils se contentent de rythmes simples et de mètres syllabiques, et de sons bien discernables Pour ces auditeurs, le compositeur doit éviter les longs schémas rythmiques
>
> . . mais il devrait employer des motifs rythmiques courts, des mesures de deux, trois ou quatre temps, et des mélodies vivantes, agréables et animées, de manière à émouvoir les êtres humains qui ne sont pas raffinés par la nature ou l'instruction ; les notes devraient être de l'aigu plutôt que du grave. Il est également conseillé au musicien d'annoncer le mode et le rythme d'une mélodie particulière avant de chanter, afin de permettre aux auditeurs, après les avoir travaillés, de les reconnaître (*sic*) plus facilement. [14]

Pour l'élite musicale, cependant, ce conseil alternatif est offert,

> Pour ce type d'auditeur, le musicien doit proposer des compositions longues et sophistiquées, en utilisant principalement le genre chromatique, mais avec des modulations aux genres diatonique et enharmonique ;

[12] Ibid.

[13] Ibid, 74.

[14] John G. Plemmenos, "L'auditeur actif" : Greek Attitudes towards Music Listening in the Age of the Enlightenment", *British Journal of Ethnomusicology* 6 (1997) : 53.

> des notes, celles du grave plutôt que de l'aigu ; et des modes, ceux que le sens des mots exige et que l'occasion dicte ; des unités rythmiques très longues et compliquées ; et des instruments, de ceux qui peuvent passer d'une hauteur à l'autre de façon douce et régulière, sans déranger l'oreille. [8]

Dans la partie analytique de ce document, les caractéristiques des auditeurs connaisseurs et inexpérimentés décrites dans les citations précédentes apparaissent dans les concertos en do majeur et en ré majeur de Haydn, respectivement.

[8] Ibid.,54.

Chapitre 3

La conscience de Haydn de son public

En caractérisant le style musical de Haydn, certains mots descriptifs semblent se retrouver dans toute la littérature : esprit, humour, plaisanterie, blague, comme quelques possibilités. Si ses stratagèmes ont pu servir de divertissement pour lui-même, l'utilisation d'une blague ou d'un tour nécessite de viser une autre fête. Dans le cas de Haydn, la fête est le public. Pour qu'une blague soit drôle, la personne qui l'écoute doit la comprendre pour qu'elle soit réussie. Cette interaction exige un public actif, car la musique de Haydn repose sur les réactions des personnes qui écoutent. [9]

Haydn admet sa sensibilité envers son public en déclarant : "C'était pour des oreilles trop savantes" sur plusieurs mesures dans sa Symphonie n° 42.[10] Bien que diverses choses aient influencé son style de composition, l'emploi de Haydn lui dictait de plaire à un public spécifique. Il a travaillé sous les ordres du prince Esterhazy pendant plusieurs années, avec un contrat particulièrement strict pendant ses premières années de service. On pourrait supposer qu'un compositeur de la cour écrivait de la musique pour le divertissement de ses bienfaiteurs, mais la classe aristocratique était de grands connaisseurs de la musique, et pas seulement des auditeurs passifs.[11] Avec un penchant pour le théâtre, le prince Esterhazy s'intéressait beaucoup à tout ce qui était dramatique.[12] Des rebondissements inattendus cultivent le drame, et ce trait particulier apparaît dans une grande partie de la musique de Haydn de cette époque. Le premier contrat de Haydn chez Esterhaza lui donne l'occasion d'explorer les options créatives et dramatiques de sa musique. Haydn lui-même a déclaré : "En tant que chef d'orchestre, je pouvais faire des expériences, observer ce qui créait une impression et ce qui l'affaiblissait, et ainsi améliorer, ajouter, réduire et courir des risques. J'ai été mis à part du monde... et j'ai donc dû devenir original". En disant "observez ce qui a créé une impression", Haydn fait référence à l'auditeur, car cette personne serait l'objet de son observation. Cela montre que Haydn, en effet, avait un grand intérêt pour la réaction du public. [13][14]

Bien que Haydn ait cherché l'originalité et la réaction dramatique pour son premier public d'Esterhaza, son style de composition a dû être modifié en fonction de l'évolution de son public. Lorsque son

---

[9] Gretchen A. Wheelock, *l'ingénieuse plaisanterie de Haydn avec l'art : Contexts of Musical Wit and Humor* (New York : Schirmer Books, 1992), 205.

[10] Elaine Sisman, "Haydn, Shakespeare, and the Rules of Originality", dans *Haydn and His World,* ed. Elaine Sisman (Princeton, NJ : Princeton University Press, 1997), 3.

[11] Botstein, "The Demise of Philosophical Listening", 278.

[12] Sisman, "Haydn Shakespeare et les règles de l'originalité", 26.

[13] Joseph Haydn, cité dans Jens Peter Larsen, *The New Grove Haydn,* work-list George Feder, First American Edition (New York : W.W. Norton & Company, 1983), 28.

[14] Sisman, "Haydn, Shakespeare et les règles de l'originalité", 3.

public s'est élargi, le nombre de connaisseurs musicaux a diminué. Haydn compose désormais de la musique pour des oreilles non entraînées. Selon les idéaux du XVIIIe siècle, la musique ne pouvait atteindre un sens de la beauté qu'avec des oreilles entraînées.[15]Robin Stowell a noté que "la musique du XVIIIe siècle s'efforçait de 'bouger' ses auditeurs", [16]mais les nouveaux auditeurs de Haydn avaient une connaissance limitée des modèles musicaux. Haydn n'avait aucun contrôle sur la formation de son public, mais il avait le contrôle de sa musique. Pour satisfaire les idéaux de beauté musicale établis, Haydn met en œuvre des techniques de composition qui rendent sa musique perceptible pour le profane.

Le changement d'audience de Haydn a eu lieu dans le cadre de son deuxième contrat à Esterhaza. De nombreuses stipulations entre son premier et son second contrat sont restées les mêmes, mais une importante clause ajoutée dans le second contrat lui a donné plus de liberté quant à savoir pour qui il pouvait composer et dans quelle mesure ces œuvres pouvaient être vendues. Le premier contrat interdisait la vente et la publication de ses œuvres - il ne pouvait composer que pour le tribunal. Le second contrat de Haydn, datant de 1779, lui permettait cependant d'écrire de la musique pour des auditeurs extérieurs à la cour et autorisait l'édition. Son nouveau contrat se lit comme suit

> Chaque fois que Son Altesse princière ordonne [Auf allmaligen befehl], ledit vice-capel-ministre est tenu de composer les morceaux de musique que Son Altesse peut exiger ; en outre, de ne communiquer [ces] nouvelles compositions à personne, et encore moins [viel weniger] d'en permettre la copie, mais de les réserver entièrement et exclusivement à Son Altesse ; et surtout [vorzigglich] de ne rien composer pour aucune autre personne sans en avoir été préalablement informé et sans avoir obtenu son gracieux consentement...[17]

Ce contrat est intervenu un an après la création de la célèbre société d'édition musicale Artaria, qui a donné à Haydn des possibilités lucratives de faire circuler sa musique. Dans les années 1780, "les modes de diffusion et de consommation de la musique ont changé", la musique de Haydn a connu un changement marqué et a activé une "nouvelle manière de faire du public" dans sa musique instrumentale de ces mêmes années.[18]Sa musique étant largement diffusée, Haydn devient si populaire qu'il a du mal à répondre à la demande pour ses œuvres. [19]

Comme Haydn trouve un travail rentable en composant de la musique pour ce nouveau marché, il doit faire face à un public dont les goûts et les capacités musicales diffèrent de ceux de la cour d'Esterhaza.

---

[15] Botstein, "The Demise of Philosophical Listening", 273.

[16] Robin Stowell, "Performance Practice in the Eighteenth-Century Concerto", dans *The Cambridge Companion to the Concerto,* ed. Simon P Keefe (Cambridge : Cambridge University Press, 2005), 203.

[17] Cité dans James Webster, "Prospects for Haydn Biography after Landon", *Musical Quarterly* 68 (1982) : 487.

[18] Webster, "Prospects for Haydn Biography after Landon", 490.

[19] Ibid. et Georg Feder, *The New Grove Haydn* (New York : Palgrave, 2002), 24.

Haydn s'est trouvé à répondre aux besoins du consommateur, et "quiconque pouvait acheter un billet de concert ou acheter une œuvre publiée était en mesure d'exercer son privilège de goût".[20] À bien des égards, il abandonna son ancien style en faveur d'un style plus "formellement clair, musicalement frais et sans complication". [21][22] Le genre du concerto a particulièrement bien accueilli ce changement stylistique.

Chapitre 4

Le public de Haydn et le genre du concerto

Le genre du concerto, peut-être plus que d'autres, suscite l'enthousiasme d'un large éventail d'auditeurs. Avec le soliste au premier plan, le concerto est devenu "la vitrine centrale de leurs talents".[29] Ce genre "est l'une des formes les plus faciles et les plus attrayantes pour l'auditeur... [et] tout l'attirail de la présentation du concerto (y compris la publicité et les "attraits supplémentaires" peu orthodoxes, peu - musicaux, mais certes spectaculaires, qu'offrent certains solistes)" crée une forme musicale populaire. [30] Le public vient non seulement pour entendre la musique du concerto, mais aussi pour faire l'expérience de la virtuosité du soliste. En raison de cette distraction, le public écoute très bien moins activement la musique que, par exemple, dans une symphonie. Le concerto est un genre qui convient particulièrement bien à l'auditeur et, en considérant le rôle de l'auditeur, il faut comprendre exactement ce que cette personne apporte à l'équation, car chaque auditeur est accompagné de "suppositions personnelles, de normes d'action appropriée et correcte et de compétences".[31]

La dichotomie entre la virtuosité soliste et la substance musicale est largement ressentie à travers une série de concertos, dont beaucoup font pencher la balance d'un côté ou de l'autre. L'auditeur connaisseur remarquera plus de subtilités dans la musique elle-même que l'auditeur moyen, mais il est facile pour l'oreille entraînée ou non de saisir l'étalage de la virtuosité. Les auditeurs apprécient ce qui est compréhensible, mais se sentent aliénés ou mal à l'aise lorsque quelque chose est hors de leur portée. Dans le même temps, lorsque quelque chose semble trop banal, un sentiment d'ennui ou de dégoût se développe. Comme l'a souligné Simon Keefe, plus que tout autre genre, le concerto a provoqué une grande division entre les auditeurs. Rien n'est plus susceptible de remplir une salle comble d'un bourdonnement d'excitation qu'un concert présentant l'un des concertos de "cheval de guerre" du XIXe siècle interprété par un soliste de renommée mondiale, par exemple, et rien n'est plus susceptible d'induire une lassante résignation chez les "intellectuels" de la musique.[23]L'idée d'entendre un virtuose de la musique peut intéresser les -

[20] Wheelock, *l'ingénieux plaisanterie de Haydn avec l'art*, 37.

[21] H. C. Robbins Landon, *Haydn : Chronicle and Works II : Haydn at Esterhaza, 1766-1790* (Londres : Thames and Hudson, 1978), 341.

[23] Simon P. Keefe, "Introduction", dans *The Cambridge Companion to the Concerto*, ed. Simon P. Keefe (Cambridge :

[29] Mary Sue Morrow, *Concerto Life in Haydn's Vienna : Aspects of a Developing Musical and Social Institution* (Stuyvesant, NY : Pendragon Press, 1989), 158.

[30]   John Culshaw, *Le Concerto*, réimpression de 1949 ed. (Westport, CT : Greenwood Press, 1979), 10.

[31] Karol Berger, "Toward a History of Hearing : The Classic Concerto, A Sample Case", dans *Convention in Eighteenth- and Nineteenth-Century Music : Essays in Honor of Leonard Ratner,* ed. Wye J. Allanbrook, Janet M. Levy, et William P. Mahrt (Stuyvesant, NY : Pendragon Press, 1992), 405.

mais elle s'accompagne d'une certaine stigmatisation et implique un "flash sur la substance".[24] Comme indiqué précédemment, la reconnaissance de la "substance" peut être limitée à un public formé, mais le "flash" est discernable par beaucoup, ce qui fait que le genre du concerto convient parfaitement à des publics présentant des divisions d'aptitude à grande échelle.

Le genre concerto, tout comme le genre symphonique, s'adressait à un public plus large. Contrairement au public de la cour, l'élargissement de l'audience s'est accompagné de nouvelles variétés distinctes de goûts musicaux. En plus de savourer les prouesses virtuoses du soliste, les clients de la classe moyenne appréciaient également l'infiltration des mélodies populaires dans la musique de concert et prenaient plaisir à entendre des chansons de type plus sentimental.[25] En raison de la popularité croissante, la demande de musique - en particulier de musique nouvelle - était grande.[26] Un contemporain de Haydn, l'écrivain Richard Eastcott, a commenté la situation difficile de la musique en disant : "En raison de l'appétit insatiable de la multitude, les compositeurs des premières capacités sont souvent obligés de faire pleuvoir des torrents de compositions indigestes, qui n'ont rien d'autre que de la nouveauté à leur recommander".[27] De tous les compositeurs de cette période, Haydn aurait certainement appartenu à la catégorie des "compositeurs des premières capacités", mais sa volonté, ou son refus, d'incorporer des nouveautés musicales est une question qui mérite d'être explorée. L'utilisation de telles techniques n'est pas nouvelle, car des compositeurs avant lui, comme J.C. Bach, avaient délibérément incorporé certains langages musicaux indigènes à son public. "J.C. Bach adaptait les différents mouvements d'une symphonie à divers segments du public, en orientant les finales vers ceux de goût le moins raffiné". Peut-être que l'incorporation de traits stylistiques pour les masses n'implique pas une catégorie de composition moindre, mais plutôt une sensibilité accrue dans l'art de la composition.[28]

Cambridge University Press, 2005), 2.

[24] Cliff Eisen, "The Rise (and Fall) of the Concerto Virtuoso in the Late Eighteenth and Nineteenth Centuries," in *The Cambridge Companion to the Concerto,* ed. Simon P. Keefe (Cambridge : Cambridge University Press, 2005), 177.

[25] Simon McVeigh, *Concert Life in London from Mozart to Haydn* (Cambridge : Cambridge University Press, 1993), 224-25.

[26] Ibid, 225.

[27] Richard Eastcott, *Sketches of the Origin, Process and Effects of Music* (Bath, 1793), 161.

[28] McVeigh, *Concert Life in London from Mozart to Haydn,* 225.

Chapitre 5

Attente et répétition dans le concerto de la période classique

L'analyse suivante donne un aperçu des divers traitements des motifs et de la répétition des motifs dans les concertos pour violoncelle en ré majeur et en do majeur de Haydn. Le fait de voir les concertos à travers le miroir des motifs crée des interprétations qui peuvent contredire d'autres modes d'analyse. Par exemple, des thèmes liés à la motivation peuvent mettre en évidence un mode complexe d'ingéniosité compositionnelle, mais du point de vue des motifs, ces multiples thèmes se réduisent tous en un prototype musical simpliste. Ainsi, quelque chose qui semble complexe dans une sphère apparaît simple dans une autre. Ce type d'interprétation ne cherche pas à renverser les théories alternatives, mais plutôt à donner une autre facette à la même histoire. Lorsque la musique fait appel à des attentes génériques de l'époque, et lorsqu'une méthode de répétition coule à travers une œuvre, le compositeur cultive une expérience qui permet une perception donnée de la part du public qui écoute.

Les exemples présentés dans cette analyse appartiennent tous à la grande catégorie des schémas musicaux. Une définition et une étude plus complètes du terme "schéma" figurent dans la troisième section de ce document, mais pour l'instant, le terme peut être défini comme un "paquet de connaissances".[38] Ces "paquets" se présentent dans de nombreux supports, mais cette étude se concentre sur ceux liés à l'excroissance motivationnelle, aux schémas galants, au cyclisme, à la structure des phrases et aux conceptions de répétition de sonates/concert. Un large échantillonnage de ces traits entre les deux concertos pour violoncelle révèle des traitements différents qui feraient appel aux perceptions des différents auditeurs.

Particulièrement adapté à l'étude des motifs, le concerto offre une grande variété d'options formelles et d'interactions. En tant que forme baroque, le concerto présente un motif alternant entre l'orchestre et le soliste, appelé ritournelle. Dans la période classique, cette alternance a fusionné avec la forme populaire de la sonate-algro, une forme dans laquelle le matériel thématique tourne à travers les différentes sections (exposition, développement, récapitulation) du mouvement.[29] Ainsi, le concerto classique contient deux forces dramatiques : l'alternance entre le soliste et l'orchestre, et la rotation du matériel thématique à travers la forme. —

---

[29] Le terme "rotation" est tiré de *Elements of Sonata Theory de* James Hepokoski et Warren Darcy : *Norms, Types, Deformations in the Late-Eighteenth-Century Sonata* (Oxford : Oxford University Press, 2006). Voir l'annexe 2 aux pages 611-21 de ce livre pour plus d'informations sur le terme.

[38] Robert O. Gjerdingen, *Music in the Galant Style* (Oxford : Oxford University Press, 2007), 11.

L'alternance des aspects dialogiques du concerto et des aspects rotatifs de la forme sonate créent tous deux leur propre ensemble de motifs anticipés basés sur les attentes génériques des auditeurs de l'époque. Pour l'aspect sonate, les idées musicales présentées dans l'exposition, qui consiste en une première audition des thèmes du mouvement, ont la possibilité d'être réentendues dans une section de développement et de récapitulation. Le développement et la récapitulation peuvent fournir deux autres rotations du matériel. Ainsi, l'exposition, le développement et la récapitulation d'une œuvre sous forme de sonate peuvent fournir trois occasions d'"étoffer" les idées musicales, les thèmes et les ordres harmoniques.

Tout comme on s'attend à ce que le matériel entendu dans une exposition soit réentendu dans la récapitulation, on s'attend également à ce que le matériel présenté dans la ritournelle orchestrale d'ouverture d'un concerto (section *tutti*) soit présenté de manière plus élaborée une fois que le soliste entre. Cette ritournelle fournit une disposition référentielle des thèmes, mais n'a pas le mouvement tonal requis pour une exposition sous forme de sonate.[30] L'entrée du soliste marque le début de la véritable exposition, car elle contient les caractéristiques tonales nécessaires qui caractérisent un rôle d'exposition. Bien qu'elle n'ait pas le statut d'exposition, la ritournelle d'ouverture a une fonction importante car elle fournit des motifs thématiques ainsi que des motifs d'ordre qui créent des attentes dans le schéma de rotation de la forme-sonate ainsi que dans le schéma d'alternance avec l'entrée prochaine du soliste. [41] Tout comme on s'attend à des occurrences de musique correspondante entre l'exposition et la récapitulation, on s'attend également à une correspondance musicale entre les alternances orchestrales et solistes.

La forme unique du concerto offre au compositeur un vaste éventail de possibilités de traitement thématique. Bien qu'il existe de nombreuses variantes, le traitement peut être résumé en trois catégories générales. Tout d'abord, le compositeur peut faire tourner le matériau de manière immuable. Dans cette option, un modèle de répétition émerge. Dans un deuxième temps, le compositeur peut choisir d'omettre des éléments. Cette décision lui fait perdre la possibilité de répéter un thème particulier, ce qui limite potentiellement la mémorisation du matériau. Troisièmement, un nouveau matériel ou un matériel sensiblement modifié écrase une répétition de matériel. Contrairement à la deuxième option, le matériel original est non seulement manquant, mais aussi remplacé par quelque chose de nouveau.

Les éléments de correspondance - ou les répétitions de modèles - jouent un rôle essentiel dans la perception et l'intelligibilité d'un public. Comme la forme de concerto offre des possibilités de répétition de motifs, il est intéressant d'examiner les passages de divergence et leurs implications pour l'auditeur actif. La répétition des motifs (ou l'absence de répétition), telle qu'elle est perçue par l'évaluation de la correspondance

[30] Hepokoski et Darcy, *Éléments de la théorie des sonates,* 450-51.

musicale, a la capacité de stimuler le souvenir chez l'auditeur, et ce degré de stimulation aura un effet direct sur la perception, l'intelligibilité et, en fin de compte, la mémorisation de l'œuvre en question.

Chapitre 6

Explication de la terminologie analytique

Les interprétations analytiques de cette analyse utilisent plusieurs termes et abréviations qui nécessitent une explication. Pour distinguer les éléments de rotation de l'orchestre et du soliste dans le concerto, la terminologie de la rotation de la ritournelle et de la rotation du soliste sera utilisée. La ritournelle 1 (abrégée en R1) indique le premier *tutti d'orchestre*. Le terme Solo 1 (abrégé en S1) indique la première rotation du matériel avec le soliste. La distinction d'une rotation comme "Solo" n'implique pas que le soliste joue seul, mais plutôt que le soliste est présent dans la rotation actuelle, même s'il y a une pleine participation de l'orchestre.

Comme les questions de correspondance peuvent devenir assez complexes dans la mise en page des concertos, et comme la structure du concerto est une forme hybride, il est important de distinguer les thèmes d'une manière plus spécifique que ce qui est souvent requis dans la seule forme sonate. Les tableaux 1 et 2, situés à la fin de ce chapitre, permettent de différencier les thèmes dans les expositions du premier mouvement des deux concertos pour violoncelle de Haydn. La colonne de gauche indique la zone thématique en termes de terminologie de la forme sonate, mais l'étiquetage de chaque incipit thématique porte une désignation plus spécifique - R1:\P, par exemple. Ce type de désignation *provient des Éléments de la théorie des sonates de* Hepokoski et Darcy, et indique non seulement la zone thématique ("P" pour le thème principal, "S" pour le thème secondaire, etc.[42] L'orchestre et le soliste ne présentent pas toujours le même matériel thématique, car il peut y avoir deux thèmes secondaires distincts - un de R1 et un autre de S1. Un exemple de ce cas est présenté dans le tableau 1. Remarquez que R1 (la première ritournelle orchestrale) présente un thème secondaire appelé R1:\S, mais remarquez également qu'à droite immédiate dans le tableau se trouve le thème secondaire présenté en S1 (la première alternance de soliste), qui est un thème nouveau et différent. Comme ce thème est nouveau et qu'il provient de S1, plutôt que de R1, il reçoit la désignation S1:\S. Cette notation identifie le point d'origine du thème (R1, S1, etc.) et son identificateur de forme de sonate (P, S, etc.), séparés par deux points et une barre oblique inversée (:\). Ainsi, un label S1:\S indique un thème S qui a été entendu pour la première fois dans la rotation S1. Dans de nombreux cas, la majorité des thèmes porteront une désignation qui commence par R1 ; ceci est dû au fait que la plupart des thèmes proviennent de la ritournelle d'ouverture (R1). Remarquez par exemple, dans le tableau 2, que les colonnes R1 et S1 contiennent toutes deux des thèmes primaires désignés par R1:\P. Même si ce thème est entendu dans la rotation S1, le thème a son origine (ou a été entendu pour la première fois) dans la ritournelle

---

[42] Ibid, 451-53.

d'ouverture, il porte donc la même étiquette que le thème correspondant de la ritournelle précédente.

Dans l'étude et la comparaison des gestes mélodiques, ce document met en œuvre la notation de Robert O. Gjerdingen, en utilisant des symboles de degrés d'échelle dans les exemples analytiques et dans la discussion. Plutôt que le nombre arabe traditionnel avec le signe d'insertion (1) pour indiquer les degrés d'échelle, cette analyse utilise le symbole suivant : O. Lorsque l'on se réfère spécifiquement à un motif mélodique dans une ligne de basse, le symbole suivant est utilisé : ®. [43] [43]

---

[43] Cette notation est utilisée tout au long de l'ouvrage *Music in the Galant Style* de Robert O. Gerjerdingen.

Tableau 1. Disposition thématique de R1 et S1 dans le Concerto en do de Haydn

EXPOSITION	R1	S1
Primary Theme Area (P)	**R1:\P**  • mm. 1–5	**R1:\P** • Same as Ritornello 1 • mm. 21–26
Transition Theme Area (TR)	**R1:\TR**  • mm. 6–11	None! (a rare occurrence) • The PAC that ends R1:/P serves as a rhetorical medial caesura due to the ellipsis of the TR- zone[44]
Secondary Theme Area (S)	**R1:\S1.1**  • mm. 15–19	**S1:\S** • A new theme • Begins in the tonic key but quickly moves to the appropriate key of the dominant[45]  • mm. 27–36
	R1:\S1.2  • mm. 15–19	**R1:\S1.2** • Same as Ritornello 1 • mm. 36–40
Closing Area (C)	**R1:\C1**  • mm. 19–21	**R1:\C** • Same as Ritornello 1 • mm. 40–42
		S1:\C • A new theme  • mm. 42–47

[1] On trouvera une explication de ce "défaut de quatrième niveau" dans Hepokoski et Darcy, *Elements of Sonata Theory*, 29.

[1] Un thème en S qui commence dans la tonique mais qui se fond dans la tonalité correcte est également décrit dans Hepokoski et Darcy, *Elements of Sonata Theory*, 29.

Table 2. Thematic Layout of R1 and S1 of Haydn's Concerto in D

<table>
<tr><td colspan="3">EXPOSITION</td></tr>
<tr><td></td><td><u>R1</u></td><td><u>S1</u></td></tr>
<tr>
<td>Primary Theme Area (P)</td>
<td>R1:\P 
• mm. 1–6</td>
<td>R1:\P
• Same as Ritornello 1
• mm. 29–34</td>
</tr>
<tr>
<td>Transition Theme Area (TR)</td>
<td>R1:\TR
• Begins like R1:\P but then merges into transitional material 
• mm. 7–12</td>
<td>R1:\TR
• Same as Ritornello 1 but with extension featuring virtuosic display:

S1:\TR Ext. </td>
</tr>
<tr>
<td>Secondary Theme Area (S)</td>
<td>R1:\S 
• mm. 13–16</td>
<td>R1:\S
• Same as Ritornello 1 but with elaborate virtuosic extension based on S1:\TR Ext</td>
</tr>
<tr>
<td rowspan="4">Closing Area (C)</td>
<td></td>
<td>S1:\C 
• mm. 70–77</td>
</tr>
<tr>
<td>R1:\C1.1 
• mm. 16–19</td>
<td></td>
</tr>
<tr>
<td>R1:\C1.2 
• mm. 19–26</td>
<td></td>
</tr>
<tr>
<td>R1:\C2
• based on the primary theme 
• mm. 26–28</td>
<td></td>
</tr>
</table>

Chapitre 7

Unité de mouvement - répétition des schémas thématiques

Bien que l'emploi du cyclisme comme dispositif d'unification ne constitue guère une approche conventionnelle, il procure un fort sentiment de répétition des schémas qui incite à les reconnaître d'un point de vue schématique. Dans ce cas, une technique complexe de développement compositionnel devient une technique plus simpliste dans les domaines du schéma et de la perception. Haydn savait que son public principal manquerait de connaissance et de compréhension de nombreux schémas musicaux, mais en créant son propre schéma au début d'une pièce et en l'utilisant ensuite de manière répétée, il force le souvenir et la reconnaissance chez ses auditeurs. Inscrit dans le concerto en ré majeur de Haydn, ce dispositif d'unification donne au concerto un son familier à ses auditeurs, car le déroulement des thèmes tout au long de la pièce semble reconnaissable car beaucoup d'entre eux sont liés à des thèmes antérieurs. En comparant les motifs d'ouverture de chaque mouvement du concerto en ré majeur, on constate que les thèmes sont presque exacts dans leur mouvement mélodique principal.

L'apparition d'un ou plusieurs motifs se retrouve fréquemment dans les œuvres de Haydn. Du point de vue de la composition, il est possible de faire preuve d'ingéniosité et de maîtrise par la manipulation d'un thème dans un autre. D'un point de vue schématique, ces manipulations se réduisent à une seule conception schématique. Par conséquent, l'apparition de plusieurs thèmes peut en fait résider dans la répétition d'une seule conception thématique.

Haydn a certainement utilisé des matériaux et des motifs préexistants dans nombre de ses œuvres, mais l'utilisation de l'unité cyclique au sein d'une même œuvre présente des points de vue intéressants sur la répétition des motifs. À cet égard, Haydn crée son propre motif original au début de l'œuvre et l'utilise ensuite comme schéma pour le reste de l'œuvre. L'auditeur n'a alors besoin d'aucun schéma préexistant (ou de connaissances préalables) pour comparer les thèmes, puisque Haydn donne le schéma. Dans la plupart des contextes schématiques, le schéma original n'est pas donné, mais seulement la répétition basée sur le schéma original ; cependant, Haydn présente à la fois le schéma réel et la répétition.

Bien que des nuances expertes créent un sentiment d'individualité entre les thèmes du concerto en ré majeur, les thèmes d'ouverture de chacun des trois mouvements présentent une excroissance d'un motif original. L'ascension par paliers de l'intervalle d'une tierce, plus précisément des degrés d'échelle ©-©-©, explique ce motif original. Ce mouvement est illustré dans l'exemple 1 qui montre ce motif avec des symboles de degrés d'échelle, et le crochet supérieur attire l'attention sur ce mouvement comme étant le motif mélodique global. La montée de © (un ton d'accord dans l'harmonie sous-jacente) à © (également un ton d'accord) est complétée par un ton de passage sur ©. Le La fourchette inférieure dans l'exemple 1 indique un deuxième motif, qui est principalement rythmique. Bien que ce motif contienne également l'intervalle d'une tierce, le rythme de croche pointée, de double croche, suivi d'une croche constitue un geste rythmique d'importance.

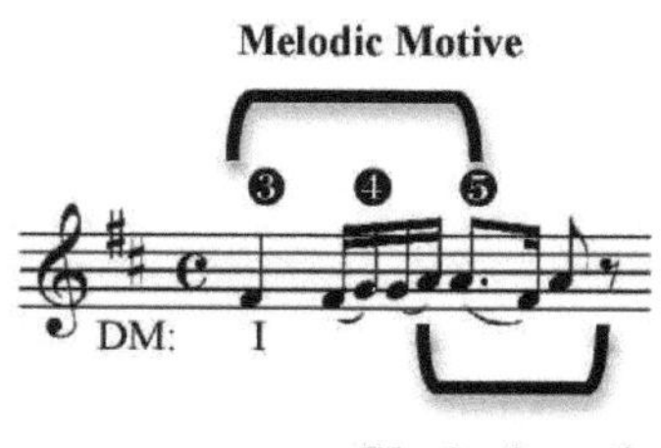

Example 1. Haydn, Concerto en ré, premier mouvement, m. 1, dérivation motivée.

En comparant le thème d'ouverture du premier mouvement avec le thème d'ouverture du deuxième mouvement, des similitudes frappantes apparaissent entre les deux. L'unité rythmique, peut-être la plus remarquable, se produit dans la répétition du geste de croche-sixième note pointée entendu pour la première fois dans le premier mouvement ; voir le temps 3 de l'exemple 1 pour un rappel de ce motif rythmique. Le thème d'ouverture du deuxième mouvement, vu dans l'exemple 2, contient le tracé par étapes d'une tierce-© à © avec © comme ton de passage. Contrairement au premier mouvement, la montée ©-©-© apparaît maintenant comme une descente ©-©-©, un motif en rétrograde. Le motif rythmique en crochets et en doubles croches fonctionne comme un ornement de chaque hauteur de la descente ©-©-©.

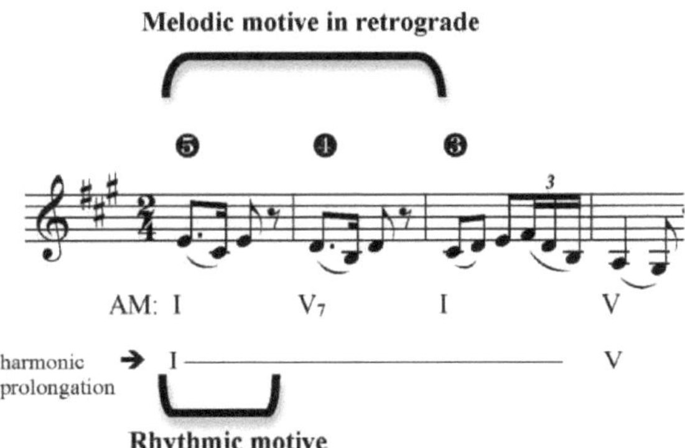

Example 2. Haydn, Concerto en ré, deuxième mouvement, mm. 1-2, motifs mélodiques et rythmiques.

Bien qu'il soit métriquement différent du simple double-mètre des deux premiers mouvements, le 6/8 mètre du troisième mouvement contient un refrain de rondo qui utilise le même matériau mélodique que les thèmes d'ouverture des mouvements un et deux. Les hauteurs de son qui se produisent sur le temps (temps 1, 2 et 1) correspondent directement au troisième motif par étapes. Ce thème, cependant, utilise des notes voisines plus basses pour orner chaque hauteur de la troisième montée. Les relations entre les thèmes des mouvements trois (iii) et un (i) sont illustrées dans la figure 3. Les lignes de liaison dans l'exemple indiquent

Example 3. Haydn, Concerto in D, third and first movements, mm. 1–2 and m. 1, thematic comparison.

les hauteurs de ton des motifs partagés entre les thèmes.

Tout au long des trois mouvements du concerto en ré majeur, Haydn n'utilise pas seulement des thèmes liés à la motivation, mais il préserve également les degrés exacts de la gamme et leur fonction musicale. L'intervalle d'une tierce servant de motif mélodique principal, Haydn conserve l'utilisation de © et © pour délimiter cet intervalle. De plus, ces deux degrés de gamme soutiennent une harmonie tonique, © servant un fonction. La fonction de passage de 0 apparaît soit comme un ton de passage dissonant, souvent avec une harmonie tonique sous-jacente, soit comme un ton de passage consonant soutenu par une harmonie qui fonctionne de manière linéaire (une harmonie voisine ou passante qui prolonge une harmonie plus importante - très souvent l'harmonie tonique). Un exemple de ceci apparaît dans le thème du deuxième mouvement où © apparaît dans une harmonie V7, mais l'harmonie tonique apparaît dans les mesures avant et après, ce qui fait que le V7 fonctionne comme une prolongation globale de l'harmonie tonique. Cette prolongation harmonique globale est indiquée dans l'exemple 2 dans la deuxième série de chiffres romains sous la portée.

Chapitre 8

Les choix formels dans les troisièmes mouvements : Les implications de la répétition du Rondo

Les motifs formels des troisièmes mouvements des deux concertos pour violoncelle impliquent des objectifs différents pour l'auditeur en raison de leur traitement de la répétition musicale. Comme indiqué précédemment, le troisième mouvement du concerto en ré majeur s'ouvre sur un thème qui est lié de manière motivante aux thèmes d'ouverture des deux mouvements précédents, en utilisant un sens de l'unité cyclique. Ainsi, un schéma thématique permet d'obtenir une répétition tout au long du concerto. Bien que Haydn ait déjà établi un schéma de répétition thématique fort, il a en outre instillé une mémorisation thématique et a utilisé le thème lié de manière motivante comme refrain dans la structure de rondo du troisième mouvement basée sur la répétition.

La réitération des motifs musicaux, en particulier dans le dernier mouvement d'une œuvre, a de fortes implications dans le domaine du souvenir. Bien qu'un thème spectaculaire puisse certainement être mémorisé après une seule audition, de multiples répétitions du même thème peuvent également constituer un puissant dispositif dans la mémoire de l'auditeur. Pour le rondo final du concerto en ré majeur de Haydn, le segment du refrain, vu dans l'exemple 3, est entendu neuf fois (dix fois, si l'on compte la répétition en mineur). Bien que plusieurs répétitions de ce segment puissent entrer dans une catégorie plus large de refrain complet, il y a néanmoins une quantité extraordinaire de répétitions. Haydn incite presque sans aucun doute ses auditeurs à se souvenir de son matériel thématique lorsqu'ils quittent la salle de concert.

Exemple 4. Haydn, Concerto en ré, troisième mouvement, thème du refrain.

En comparaison, le dernier mouvement du concerto en do majeur présente une structure en forme de sonate, qui est par défaut un archétype formel plus sophistiqué. Le thème d'ouverture est nouveau pour le mouvement, contrairement au thème du troisième mouvement du concerto en ré majeur, qui est lié à la motivation. Le contour du thème, combiné à des doubles croches rapides, le rend beaucoup moins chantable que le thème de rondo populaire utilisé dans le concerto en ré majeur. L'ouverture de ce thème plus instrumental et plus long (par rapport au thème du troisième mouvement du concerto en ré majeur) est illustrée dans l'exemple 5. Les figures scalaires rapides sont idiomatiques au genre instrumental, car le tempo rapide et les gammes variables présentent des difficultés pour la voix.

Bien que le concerto en ré majeur soit un morceau de musique instrumentale, le mouvement essentiellement par étapes du troisième mouvement présente des thèmes qui sont facilement chantables, même pour les voix les plus novices. Ceci, combiné à la mélodie folklorique, donne au mouvement des liens étroits avec les genres vocaux. Cela contraste avec le concerto en do majeur, qui présente des thèmes et des passages qui rendraient le chant difficile. En plus du passage rapide que l'on peut observer dans l'ouverture du concerto en do majeur, d'autres sections présentent des caractéristiques instrumentales prédominantes. Deux de ces passages, présentés dans les exemples 6 et 7, montrent des sauts importants et rapides dans le registre, et l'exemple 6 montre également l'utilisation de doubles jeux (plus d'une hauteur jouée simultanément). Toutes ces caractéristiques confèrent au mouvement des particularités instrumentales. Comme nous l'avons vu dans la première partie de ce document, les genres vocaux sont considérés comme les types de musique les plus accessibles, et l'utilisation d'éléments de type vocal dans la musique instrumentale entraîne une plus grande familiarité et une plus grande accessibilité pour l'auditeur.

Exemple 5. Haydn, Concerto en do, troisième mouvement, mm. 41-55, thème d'ouverture (R1:\P) avec soliste.

Example 6. Haydn, Concerto en do, troisième mouvement, mm. 60-61, grands sauts dans le registre.

Example 7. Haydn, Concerto en do, troisième mouvement, mm. 68-70, grands sauts de registre et doubles jeux.

Chapitre 9

Attentes thématiques

La ritournelle d'ouverture de l'orchestre (R1) d'un concerto joue un rôle essentiel en créant des attentes pour le reste du mouvement. Cette ritournelle donne à l'auditeur un guide pour le mouvement en fournissant le matériel thématique principal et en le présentant dans un ordre spécifique, ce qui donne à l'auditeur des anticipations de ce qui est à venir.[46] Dans le sens le plus conventionnel du terme, la R1 fournit un schéma d'attentes. L'orchestre établit un schéma, qui est ensuite suivi d'une répétition anticipée du schéma avec l'ajout du soliste.

Le concerto en ré majeur de Haydn suit le schéma conventionnel d'anticipation du genre concerto. À l'exception de petites différences ornementales, les thèmes principaux et secondaires du premier mouvement sont identiques entre la première ritournelle d'orchestre (R1) et la première entrée solo (S1). Des fluctuations dans les ornementations existent, mais le matériau thématique de base reste intact. Le thème d'ouverture du premier mouvement, R1:\P, commence par une phrase de six mesures se terminant sur une cadence authentique parfaite (PAC). Lorsque la phrase correspondante est présentée pendant la première rotation solo (S1), la phrase reste de la même longueur et ne présente que des altérations ornementales minimales. Une comparaison de ces deux présentations est présentée dans l'exemple 8, avec des parenthèses indiquant les différences d'ornementation entre les deux.

---

[46] Hepokoski et Darcy, *Éléments de la théorie des sonates,* 447-51.

Example 8. Haydn, Concerto en ré, premier mouvement, mm. 1-6 et mm. 29-34, comparaison du thème R1:\P entre la ritournelle orchestrale (R1) et les rotations solo (S1).

Comme les présentations de R1:\P, les présentations de R1:\S entre R1 et S1 restent également similaires en apparence. Bien que les premières phrases du thème secondaire entre R1 et S1 se terminent sur des cadences différentes, le matériel thématique est exactement le même. Une comparaison de ces deux phrases est présentée dans l'exemple 9, les parenthèses attirant l'attention sur la variance ornementale.

Le schéma de répétition du concerto en do majeur entre les rotations R1 et S1 diffère de celui du concerto en ré majeur. Bien que les ornementations virtuoses typiques s'appliquent également à ce concerto, il existe un fait plus frappant : le thème secondaire présenté dans le R1 n'est pas le même que celui présenté par le soliste dans le S1. Présenté pour la première fois dans R1, le thème R1:\S, qui est montré dans l'exemple 10, n'apparaît dans aucune des rotations du soliste, et le thème S1:\S, qui est montré dans l'exemple 11, n'apparaît dans aucune des rotations de la ritournelle. En d'autres termes, le soliste ne joue pas le thème S de l'orchestre et l'orchestre ne joue pas le thème S du soliste. Le thème secondaire présenté dans R1 (R1:\S) crée un motif attendu pour la prochaine entrée solo. Dans ce cas, le motif de répétition attendu est rompu et éludé au profit d'un thème complètement différent.

Example 10. Haydn, Concerto en do, premier mouvement, mm. 12-15, thème secondaire présenté en R1 (R1:\S).

Example 11. Haydn, Concerto en do, premier mouvement, mm. 27-30, nouveau thème secondaire

présenté en S1 (S1:\S).

Outre l'absence inattendue de répétition que confère un nouveau thème S, le modèle formel qui le précède suit également une approche non traditionnelle. Dans la plupart des pièces de la période classique qui utilisent la structure sonataforme, une demi-cadence suivie d'une pause, appelée césure médiane, sert à diviser l'exposition en deux parties. [47] La première partie, composée d'un thème principal et d'une transition, culmine par une cadence distincte suivie d'une "pause médiane" à laquelle succède le thème S. [48] La cadence qui précède la césure médiane est souvent une demi-cadence dans la tonalité dominante ou tonique, mais dans la section S1 du concerto en do majeur, on entend une cadence authentique parfaite, présentant une déformation de la norme. En examinant plusieurs mesures de cette cadence, on constate qu'il n'y a pas de transition. La cadence authentique parfaite entendue dans le m. 26 non seulement ferme la zone du thème primaire, mais crée également un effet de césure médiale qui mène au thème S. Hepokoski et Darcy considèrent ce type de situation comme un "défaut de quatrième niveau", ce qui est rare. Comme la zone de transition est omise, le PAC sert de cadence rhétorique de césure médiane pour préparer le thème S. [49] La répétition de la résolution cadentielle au m. 26 écrase la rupture littérale de la césure, créant ce que l'on appelle le remplissage de la césure. [50] Après ce PAC fort, le thème S ne commence pas dans la tonalité dominante attendue, mais commence plutôt dans la tonique et fusionne dans la tonalité correcte plusieurs mesures plus tard - une autre occurrence inhabituelle.

L'utilisation de différents thèmes S dans un concerto est une "stratégie moins courante", mais cette technique est assez fréquente dans d'autres concertos - ceux de Mozart, par exemple - pour que l'utilisation de Haydn dans le concerto en do majeur ne soit pas une anomalie.[51] Pour les besoins du présent document, ce qui est plus important que l'utilisation de deux thèmes différents, c'est que Haydn avait la possibilité de répéter un thème mais a choisi de ne pas le faire. La récapitulation devient un événement très attendu car cet espace offre une autre occasion de répétition et, avec deux thèmes S contradictoires, il peut apporter une solution au désaccord. Une résolution possible consiste à utiliser les deux thèmes, mais une autre possibilité consiste à utiliser un seul des thèmes, ce qui fait que ce thème gagne en supériorité par la répétition. Dans le cas de ce concerto, la résolution de la récapitulation est douce-amère : le thème S de S1 est utilisé (S1:\S), mais il est sensiblement modifié, de sorte qu'une solution claire au désaccord sur le thème S ne s'ensuit pas.

---

[47] Ibid., 18.

[48] Ibid.

[49] Ibid., 29.

[50] Ibid., 40.

Ce thème, vu dans l'exemple 12, présente une inversion du motif de tête du thème S1:\S mais diverge ensuite. Ainsi, aucun des thèmes secondaires de l'exposition n'est littéralement répété dans la récapitulation. Haydn avait deux possibilités spécifiques et anticipées de répétition thématique et il a évité les deux !

Example 12.   Haydn, Concerto en do, premier mouvement, mm. 102-107, présentation du thème secondaire en récapitulation.

Chapitre 10

Attentes en matière de phrases et de cadences

En plus des attentes spécifiques au concert en matière de motifs musicaux, les attentes générales en matière de motifs musicaux s'appliquent également. Les débuts des concertos en do majeur et en ré majeur utilisent des éléments d'extension de la phrase. L'extension de la phrase en elle-même brise déjà un schéma d'attentes, mais les deux concertos transmettent des types d'extension différents dans les exemples à venir. Le début du concerto en ré majeur, montré dans l'exemple 13, semble impliquer une structure à 4 mesures ; cependant, le mouvement qui semble être orienté vers une cadence authentique parfaite (PAC) dans le m. 4 est plutôt évité en faveur d'une cadence authentique imparfaite (CAI). Cette option moins concluante donne l'impulsion pour une extension de la phrase à deux mesures, qui conduit à la PAC anticipée. La phrase à six mesures se décompose en deux sous-phrases à deux mesures plus une extension cadentielle à deux mesures. Le noyau de la phrase est alors symétrique (2+2) et l'ajout de l'extension à deux mesures donne la structure globale de la phrase 2+2+2, qui fournit un élément d'équilibre des groupes à deux mesures.

Example 13. Haydn, Concerto en ré, premier mouvement, mm. 1-6, extension de la phrase.

Les mesures 1 à 4 du concerto en do majeur, présenté dans l'exemple 14, présentent également une sorte d'extension de phrase. Les deux premières mesures impliquent une cadence authentique parfaite et concluante - un mouvement mélodique de © à © sur les harmonies de la position de base V et I, respectivement. Cependant, le mouvement mélodique se poursuit après le passage de © à © puis à ©, ce qui donne une cadence authentique imparfaite et laisse l'énoncé moins 37 concluante. La structure de ces deux mesures se prête très bien à une sorte de structure de phrases périodiques. La CAI non concluante de la première phrase suggère une phrase antérieure, ce qui implique qu'une phrase conséquente avec une fin plus concluante suivra. Si l'on néglige le m. 3 et que l'on considère plutôt le m. 4 comme le début de la phrase suivante, la structure contient des éléments d'une période parallèle, mais un élément important de la structure périodique est absent. Dans une structure périodique, la cadence finale est *plus concluante* que la cadence intérieure, mais cette phrase se termine par une demi-cadence encore *moins* concluante en m. 5. Un autre élément irrégulier de la phrase est sa longueur impaire de cinq mesures. Bien que la phrase d'ouverture du concerto en ré majeur fournisse un élément d'expansion de la phrase, l'extension de la phrase dans cette phrase est moins symétrique car les mesures sont groupées en 2+1+2. La phrase aurait un sens sans la mesure 3, mais sa présence crée une extension de la phrase d'une mesure. Contrairement à l'expansion cadentielle externe du concerto en ré majeur, cette extension se produit à l'intérieur de la phrase, faisant de la mesure 3 une mesure interpolée à l'intérieur de la phrase.

Example 14. Haydn, Concerto en do, premier mouvement, mm. 1-5, extension de la phrase.

Les schémas de répétition entre les entrées orchestrales et solistes fournissent un environnement idéal pour la variation des structures de phrases dans les présentations d'un même thème. Par exemple, un énoncé du thème dans une ritournelle orchestrale peut être répété mot à mot dans une rotation solo, ou l'énoncé dans la rotation solo peut apporter une certaine variété à la structure originale. Pour cette technique, les thèmes d'ouverture des mouvements lents des deux concertos fournissent un exemple de deux effets différents. Dans le concerto en ré majeur, le mouvement commence par une phrase symétrique de 8 mesures présentée par le soliste, qui est illustrée dans l'exemple 15. Immédiatement après cette phrase, le soliste abandonne et un *tutti* orchestral propose une répétition de la phrase ; cette répétition est illustrée dans l'exemple 16. En comparant l'original avec la répétition, on ne constate aucune altération de la structure de la phrase. La répétition apparaît une octave plus haut et comporte l'ajout de violoncelle, de contrebasse et de hautbois, mais le matériau mélodique du thème et la longueur de la phrase restent exacts.

Exemple 15. Haydn, Concerto en ré, deuxième mouvement, mm. 1-8, présentation originale du thème.

Exemple 16. Haydn, Concerto en ré, deuxième mouvement, mm. 9-16, répétition du thème.

Le concerto en do majeur, en revanche, contient une longueur de phrase variable entre la présentation originale du thème d'ouverture et sa répétition. Le mouvement commence par une phrase de 7 mesures entendue dans l'orchestre de *tutti, comme le* montre l'exemple 17. En plus de la longueur irrégulière de 7 mesures, le thème a également une répétition irrégulière du soliste dans les mesures 6-24 qui comporte un ajout de deux mesures. Dans ce cas, une extension initiale de deux mesures est utilisée, ce qui fait que la phrase est plus longue de deux mesures que l'original. Cette répétition, entendue dans la rotation du soliste, est illustrée dans l'exemple 18. L'extension consiste en une répétition immédiate des deux premières mesures du thème. Le soliste tient la note C tandis que les deux premières mesures de la mélodie sont entendues dans les premiers violons. Ensuite, le soliste reprend la mélodie, mais recommence depuis le début de la phrase, créant ainsi deux mesures supplémentaires de longueur.

Exemple 17. Haydn, Concerto en do, deuxième mouvement, mm. 1-7, présentation originale du thème.

Exemple 18. Haydn, Concerto en do, deuxième mouvement, mm. 16-24, répétition du thème avec extension de la phrase.

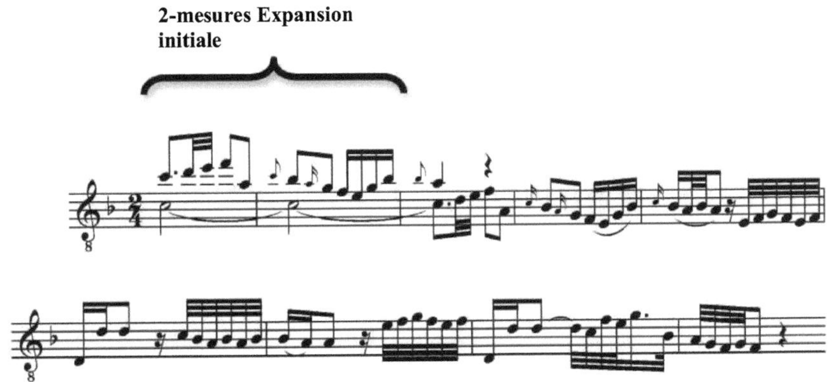

Chapitre 11

Galant Schemata

Certains paradigmes musicaux, existant entre la voix de basse et la voix de mélodie, étaient utilisés si souvent que le mouvement mélodique de base pouvait être réduit à un ou plusieurs schémas. Ces schémas constituent une pratique conventionnelle de l'écriture compositionnelle de style galant, et chacun d'entre eux implique un mouvement contrapuntique distinct entre des degrés d'échelle spécifiques. Bien que les successions de schémas multiples soient habituelles dans les concertos pour violoncelle, un de ces schémas se distingue particulièrement. Le schéma "Prinner" revêt une importance particulière car son utilisation en musique correspond à un style musical qui adhère étroitement aux caractéristiques du galant.[52] Le style galant, en général, utilise "des textures légères, une harmonie simple, une mélodie périodique et des cadences basées sur des formules".[53] Le philosophe Voltaire a décrit le terme galant comme signifiant "chercher à plaire".[54] La caractérisation de ce style par Voltaire s'applique peut-être principalement à l'utilisation des schémas galants par Haydn, car son utilisation de ces schémas représente un style de composition qui cherchait à plaire à ses auditeurs.

Deux exemples du schéma de Prinner, un pour chaque concerto pour violoncelle, montrent le traitement varié du paradigme conventionnel par Haydn. Le passage du concerto en ré majeur illustre une cohérence étroite avec le schéma Prinner établi, illustré dans l'exemple 20, tandis que le passage du concerto en do majeur illustre une approche plus divergente et moins conservatrice du même schéma, illustré dans l'exemple 21. Le schéma Prinner comprend un dégradé progressif de degré de gamme © à © dans la mélodie et un dégradé progressif de ® à Φ dans la basse. Robert O. Gjerdingen présente une mise en page graphique claire de ce motif qui apparaît dans *Music in the Galant Style,* et un exemple musical basé sur son motif est montré dans l'exemple 19.

---

[52] Gjerdingen, *Musique dans le style galant,* 455.

[53] Daniel Heartz et Bruce Alan Brown, "Galant" dans *Grove Music Online. Oxford Music Online,* http://www.oxfordmusiconline.com.proxy.libraries.uc.edu/subscriber/article/grove/music/10512, consulté le 15 avril 2010.

[54] Ibid.

Example 19. Le schéma de l'Imprimeur est basé sur la *Musique dans le style Galant de* Robert O.

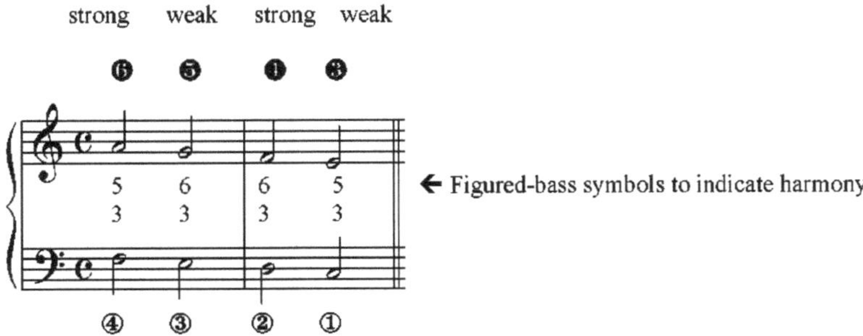

Gjerdingen. [55]

Un traitement conventionnel du schéma Prinner, vu en mm. 29-32 du concerto en ré majeur et montré dans l'exemple 20, démontre une étroite corrélation entre le schéma établi et la réalisation de Haydn. Bien que la ligne mélodique entendue au violoncelle soit très ornementée, le mouvement mélodique primaire offre une descente claire de © à ©, accompagnée d'une décente à texture fine de ® à Φ dans la basse. Même avec l'ornementation mélodique, le mouvement mélodique principal représente une correspondance parfaite avec le modèle Prinner de Gjerdingen.

Example 20. Haydn, Concerto en ré, premier mouvement, mm. 30-31, mélodie et ligne de basse, schéma Prinner.

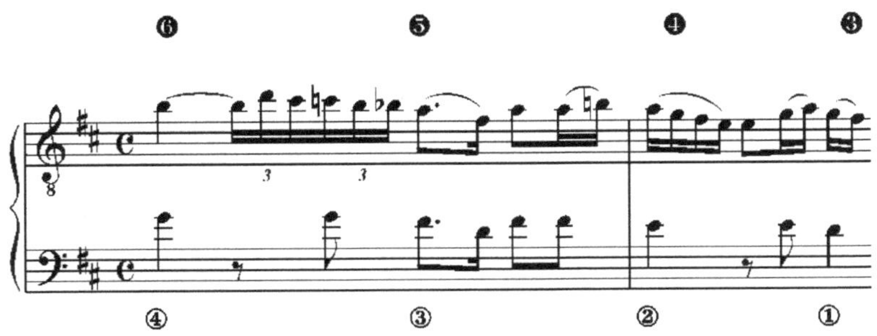

[55] Gjerdingen, *Musique dans le style galant,* 455.

Un schéma de Prinner dans le concerto en do majeur de Haydn montre une réalisation différente du même motif contrapuntique. Les mesures 31-32 du premier mouvement du concerto sont illustrées dans l'exemple 16 et donnent une ligne mélodique qui peut sembler plus simple que le passage illustré dans le concerto en ré majeur. Bien qu'il y ait moins d'élaboration ornementale, un échange mélodique intéressant se produit. L'initiale © devrait commencer par un pas décent vers ©, et bien que le passage se termine ici, le cheminement à partir de l'initiale © prend un chemin moins traditionnel. Au lieu que le © descende vers le © dans la partie de violoncelle solo, la note *monte* vers O par un passage sur le ©. La descente du © vers le © se produit, mais d'une autre voix. Ce paradigme de la ligne de soprano prévoit un échange de voix du violoncelle solo au violon 1, puis de nouveau au violoncelle solo. De plus, lorsque la ligne soliste revient à © (dans la mesure 32), la note apparaît une octave plus haut que la descente originale ne le suggère traditionnellement. Ce déplacement d'octave se poursuit lorsque © se résout au © situé une neuvième mineure plus bas, plutôt que le demi-ton attendu. Deux degrés de gamme, @ dans la voix de soprano et ® dans la voix de basse, apparaissent entre parenthèses dans l'exemple 17 ; ces hauteurs forment la version plus embellie du schéma Prinner. L'absence d'ornementation peut suggérer la simplicité, mais l'échange de voix et le cadre supplémentaire @ sur ® mettent en évidence une réalisation moins caractéristique et plus complexe du schéma.

Example 21. Haydn, Concerto en do, premier mouvement, mm. 31-32, schéma Prinner embelli.

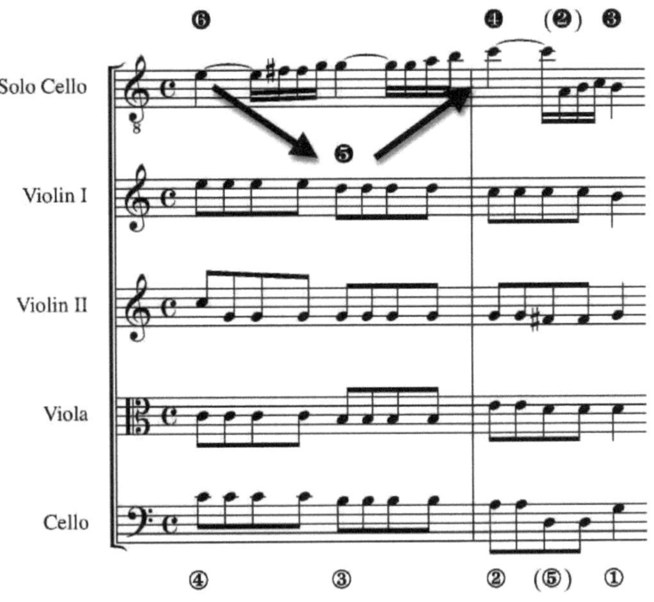

Solo Cello
Violin I
Violin II
Viola
Cello

En plus du schéma galant qui se produit à l'intérieur des phrases, certains schémas cadentiels ont également fonctionné comme des lieux communs. Les paradigmes cadentiels sont, dans de nombreux cas, le type de schéma le plus immédiatement reconnaissable, car la plupart des morceaux de musique tonale se terminent par des cadences étonnamment similaires. Les exemples suivants portent sur le type de cadence authentique parfait et les motifs contrapuntiques populaires qui lui sont associés. Un élément de base des cadences galantes, le mouvement ®-®-®-®-® dans la basse, explique une *clausulae perfectissimae,* dont Gjerdingen considère qu'elle est une "clausule prototypique" et "standard".[56] L'ajout d'un ©-@-O descendant dans la soprano crée une clausule, ou motif cadentiel, connu sous le nom de "Mi-Re-Do".[57] Ce motif cadentiel stéréotypé est la pierre angulaire de nombreuses cadences galantes, et un exemple simplifié de cette progression est présenté dans l'exemple 22. Une version légèrement plus ornée de ce schéma cadentiel se produit lorsque la soprano, au lieu de descendre ©-@-O, descend une octave complète de O à O. Bien que ce schéma soit un embellissement du schéma Mi-Re-Do, le schéma mélodique apparaît si souvent dans la musique galante que Gjerdingen l'appelle la "Clausule de Cudworth", du nom du musicologue Charles Cudworth. [58] Un exemple de ce schéma cadentiel est présenté dans l'exemple 23, le mouvement Mi-Re-Do étant représenté en caractères plus grands.

Example 22. Schéma de la clause Mi-Re-Do basé sur Gjerdingen. [59]

---

[56] Ibid., 141.

[57] Ibid., 142.

[58] Ibid., 146–47.

[59] Ibid., 140–44.

Example 23. Schéma de la Clausule de Cudworth basé sur Gjerdingen. [60]

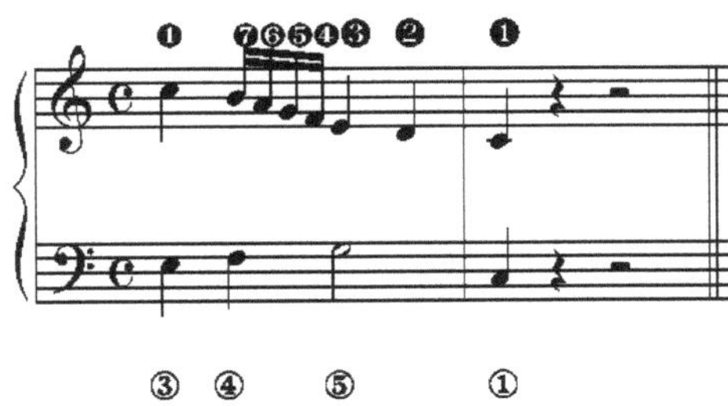

Deux exemples de passages des deux concertos pour violoncelle, tous deux issus des seconds mouvements, présentent ces motifs cadentiels caractéristiques, mais avec des traitements très différents. Les mesures 47-50 du concerto en ré majeur, présentées dans l'exemple 24, montrent une réalisation du schéma Mi-Re-Do.

Example 24. Haydn, Concerto en ré, deuxième mouvement, mm. 47-50, Schéma de la clausule Mi-Re-Do.

Les mesures 40-51 du deuxième mouvement du concerto en do majeur, présenté dans l'exemple 25, sont une réalisation du schéma cadentiel de Cudworth, mais elles diffèrent de la progression de la tradition présentée dans l'exemple 24. La mesure 41 contient la descente rapide typique de l'octave, mais la résolution attendue à O n'existe que sous la forme d'une courte grâce, la progression principale se poursuivant à ©. En outre, la basse se déplace également vers une hauteur inattendue, car le ®-@-®-@ typique est remplacé par le ®-@-@- ®. Un deuxième essai du même schéma cadentiel est tenté trois mesures plus tard dans le m. 45, et la soprano

—

⁶⁰ Ibid.,146-49.

réussit à obtenir la bonne résolution, mais la voix de basse se résout de manière trompeuse en ® au lieu de Φ. Une résolution réussie se produit dans la dernière mesure de l'exemple (m. 50), mais la soprano ne présente que la moitié de la descente rapide, et la basse substitue le ® au ® habituel. Bien que cet exemple présente un motif cadentiel considéré comme un cliché à l'époque, la quantité de jeu entourant les résolutions attendues crée une approche spirituelle et non conventionnelle d'un motif par ailleurs prévisible.

Exemple 25. Haydn, Concerto en do, deuxième mouvement, 40-51, schéma de la clausule de Cudworth.

Perception musicale, intention de composition et dilemme moderne

"... la théorie musicale ne concerne pas seulement la musique, mais aussi la façon dont les gens la traitent. Pour comprendre un art, il faut regarder au-delà de sa surface, dans les détails psychologiques de sa création et de son absorption".[61]

- Marvin Minsky

Au XVIIIe siècle, les conventions structurelles ne servaient pas seulement aux compositeurs pour organiser leurs idées musicales, mais aussi à l'auditeur comme une feuille de route. Si la partition elle-même reste une facette essentielle de la création musicale, il est impératif que ses auditeurs la perçoivent et la comprennent. L'expérience auditive d'un morceau de musique et "la façon dont les joueurs et les auditeurs ont réagi à la réalisation de la musique dans le temps et l'espace, reste un événement historique insaisissable".[62][63] Bien que le compositeur ne puisse pas participer à l'acte de perception proprement dit, les choix de composition qu'il fait peuvent manipuler les schémas pour guider les auditeurs dans un état de compréhension ou de confusion.

Les études sur la réaction et la compréhension des auditeurs englobent un domaine de résultats souvent intangibles. En particulier pour la musique des générations passées, il est difficile de trouver des preuves quantifiables sur la façon dont les publics d'autrefois ont entendu et perçu la musique. Les critiques d'exécution, les journaux intimes et autres types de correspondance fournissent un certain degré d'éclairage, mais ils ne sont pas suffisants pour étayer les affirmations avec une certitude absolue. La musique elle-même, cependant, fournit un plan concret de modèles spécifiques qui donnent un aperçu des intentions de composition ainsi que du public visé. De ce point de vue, la partition offre des preuves plus substantielles concernant la perception des auditeurs que les opinions des auditeurs ne peuvent en apporter. En particulier dans le cas d'auditeurs moins expérimentés, une grande partie de ce qu'ils entendent et comprennent ne résulte pas d'un discernement conscient, mais plutôt d'une reconnaissance inconsciente d'une série de configurations et de modèles que le compositeur a spécifiquement et intentionnellement présentés. L'intelligibilité musicale n'est donc pas un droit exclusif du percepteur, mais une force de dialogue entre le compositeur et l'auditeur dans laquelle le compositeur a le dessus -

---

[62] Leon Botstein, "Returning to a Different Philosophical Tradition", *The Musical Quarterly* 82, no. 4 (été 1999) : 225-26.

[61] Marvin Minsky, "Music, Mind, and Meaning", *Computer Music Journal* 5, no. 3 [1981] : 28-29.

main. Grâce à l'utilisation de tactiques musicales explicites, le compositeur peut amener l'auditeur à divers degrés de compréhension tout au long du discours musical. L'auditeur, grâce à son ensemble unique d'outils d'interprétation, comprendra ou ignorera alors ce que le compositeur tente de révéler ou de dissimuler.

Bien différent de Haydn et de sa relation avec son public, le compositeur moderne des XXe et XXIe siècles, qui a les moyens et la possibilité d'écrire une musique qui peut être jouée et publiée dans le monde entier, a peu d'occasions de faire connaissance avec ses auditeurs. La musique de Haydn, même avec le penchant du compositeur à plaire à ses auditeurs, peut s'efforcer de connecter les publics modernes, car l'auditeur moderne, ayant été exposé à une telle quantité de musique, peut s'efforcer de se connecter avec un compositeur décédé depuis des centaines d'années et dont la musique peut sembler simpliste ou ennuyeuse. Après avoir entendu des pièces comme le *Sacre du printemps de* Stravinski, par exemple, l'auditeur moderne a du mal à entendre une phrase asymétrique dans un quatuor à cordes de Haydn comme quelque chose de spécial.

La salle de concert actuelle accueille un type de public différent de celui que Haydn aurait pu imaginer, car la salle de concert du XXe siècle est "devenue un lieu froid et impersonnel".[63] Ce type d'environnement ne permet que le rôle de l'auditeur passif, plutôt que de cultiver le participant musical actif et engagé auquel Haydn voulait faire appel. Ce rôle n'est peut-être pas seulement le produit des conditions de concert, mais aussi le résultat d'une esthétique moderne qui diffère de celle du XVIIIe siècle. En 1918, Ezra Pound, un poète américain moderniste, disait ceci à propos du rôle du public :

> Les membres du public sont des spectateurs, ils regardent une chose dont ils ne font pas partie ; et cette chose doit être complète en soi [la musique] doit avoir sa propre existence séparée, en dehors de
> le public ; combien il est inutile d'essayer de mélanger public et spectacle. [64]

À mesure que la composition musicale se spécialise, le public s'aliène de plus en plus. Les compositeurs ont donc considéré le public, ou du moins le grand public, comme une marchandise qui n'était plus nécessaire. Milton Babbitt, qui défend ardemment ce point de vue, a déclaré

> J'ose suggérer que le compositeur rendrait un service immédiat et éventuel à lui-même et à sa musique en se retirant totalement, résolument et volontairement du monde public pour se tourner vers le monde de l'exécution privée et des médias électroniques, avec la possibilité très réelle d'une élimination complète des aspects publics et sociaux de la composition musicale. [64]

=

[64] Milton Babbitt, "Who Cares if You Listen ?", *High Fidelity* 8, no. 2 (février 1958) : 126-27.

[63] Leon Botstein, "The Audience", *Musical Quarterly* 83, no. 4 (hiver 1999) : 483.

[64] Murray R. Schafer, éd. avec commentaire, *Ezra Pound and Music : The Complete Criticism* (Londres : Faber and Faber, 1978), 82.

Alors que Babbitt cherche à écarter le grand public de l'équation musicale, son langage musical sécurise ses intentions esthétiques de compositeur-auditeur, car il a écrit sa musique dans un format incompréhensible pour beaucoup.

La musique de la période classique donne une esthétique opposée en ce qui concerne le rôle du public. Des compositeurs tels que Beethoven et C. P. E. Bach pensaient que "l'interprète de clavier devait jeter tout son corps et sa personnalité dans l'acte de performance afin de pouvoir sortir son auditeur du rôle de spectateur passif".[65] Dans le traité de Chrysanthos de Madhytos, dont deux extraits ont été cités (voir page 10 de ce document), deux types de comportement différents des auditeurs ont été abordés. Sur la base des exemples fournis dans l'analyse précédente, le type de musique approprié pour le premier type d'auditeur, le type amateur, et le type de musique approprié pour le type élite s'alignent sur les concertos en ré majeur et en do majeur de Haydn, respectivement. En attirant l'attention sur certaines de ces observations stylistiques, l'excroissance motivante, les répétitions rythmiques, la longueur conventionnelle des phrases et la tessiture élevée du concerto en ré majeur contrastent avec le manque de répétition, les phrases allongées et l'utilisation de tessitures plus basses dans le concerto en do majeur.

De nombreux aspects de l'intention de composition sont pris en considération lors de la préparation d'une œuvre en vue d'une représentation (on pourrait les appeler des tendances), mais l'aspect impliquant le public est souvent négligé. Les interprètes acquièrent des éditions critiques et/ou *urtextes des* œuvres et sont obsédés par les notes de la partition - en essayant de déchiffrer les pratiques d'exécution correctes et de révéler les différentes significations entre les tirets et les points au-dessus des notes - tout cela dans le but de donner l'exécution la plus informée et la plus précise possible. En ce sens, le compositeur et l'interprète jouent un rôle actif dans une interprétation musicale. Et si le compositeur voulait que le public joue également un rôle actif dans l'œuvre ? Si cela est vrai et si l'intention de composition reste impérative, le rôle du public est non seulement nécessaire, mais aussi une force valable et contributive à l'équation musicale.

Chapitre 13

Schémas et attentes : La psychologie de l'expérience

La partie analyse de ce document s'est concentrée sur l'utilisation et la répétition des schémas dans les concertos de Haydn, mais l'origine et les implications du terme "schéma" lui confèrent une importance

[65] Botstein, "The Audience", 483.

particulière car il donne un sens à l'utilisation de ces schémas. La reconnaissance des schémas, musicaux ou autres, est basée sur des attentes. Ces attentes se divisent en deux grandes catégories : les attentes schématiques et les attentes veridiques. Les attentes verticales correspondent à une mémoire très spécifique. [67] En ce qui concerne la musique, cela représente le type de mémoire qui permet à une personne d'entendre un certain morceau et de reconnaître qu'elle a déjà entendu le morceau exact auparavant - cela établit également des attentes d'écoute, basées sur la mémoire véridique d'une audition passée, que l'auditeur suppose être réalisée. La deuxième catégorie d'attentes, les attentes schématiques, a servi de base à cette étude et est importante car elle ne concerne pas un souvenir spécifique, mais plutôt un ensemble de souvenirs. La mémoire schématique est la capacité à reconnaître certains schémas, permettant à une personne de regrouper des expériences qui sont similaires mais pas exactes. Ce type de mémoire peut être utilisé pour regrouper certains genres (symphonie ou concerto, par exemple) ou pour regrouper certains paradigmes formels (rondo ou sonate, par exemple). Si une personne est capable d'entendre une œuvre musicale et de la reconnaître comme étant la première symphonie de Beethoven, il s'agit d'une mémoire véritable - puisque la personne a déjà entendu l'œuvre exacte et la reconnaît lors de la deuxième audition. En revanche, si une personne entend la même œuvre et est capable de reconnaître qu'il s'agit très probablement d'une symphonie et peut-être de Beethoven, il s'agit d'une mémoire schématique. Dans ce deuxième cas, l'auditeur peut ne pas connaître l'œuvre, mais en entendant d'autres pièces du genre symphonique et d'autres musiques de Beethoven, l'auditeur est en mesure de faire plusieurs évaluations et de conclure que cette œuvre présente des similitudes avec d'autres expériences d'écoute.

Lorsque l'on compare les deux types de souvenirs, veridiques et schématiques, chacun offre des informations distinctes et utiles. Prenons, par exemple, une situation non musicale comme une fête d'anniversaire. Si l'on se souvient d'une expérience spécifique de fête d'anniversaire et que l'on se rappelle les occurrences de cet événement, il s'agit d'un cas de mémoire véridique. En revanche, si l'on pense aux fêtes d'anniversaire en général et aux traits communs entre elles, la personne s'enrôle dans une mémoire schématique. La plupart des gens ont assisté à plusieurs fêtes d'anniversaire, les ont vues représentées à la télévision ou dans des films, et ont entendu d'autres personnes parler de leurs expériences personnelles. En se basant sur cette connaissance préalable des fêtes d'anniversaire, on s'attend à ce que certaines activités soient présentes lorsque -

[67] Rita Aiello, introduction à "Tonality and Expectation", par Jamshed J. Bharucha, dans *Musical Perceptions,* éd. Rita Aiello avec John A. Sloboda (Oxford : Oxford University Press, 1994), 213.

en assister un. Il peut s'agir de souffler des bougies d'anniversaire, de manger du gâteau et d'offrir des cadeaux. Si l'on arrive à une fête d'anniversaire et qu'aucun de ces événements ne se produit, cela peut sembler assez étrange. La personne est arrivée à la fête avec une série d'attentes concernant les fêtes d'anniversaire, en raison d'expériences et d'observations faites lors d'autres fêtes d'anniversaire, et aucune de ces attentes n'a été satisfaite. Selon la personne, cette expérience peut être perturbante et déroutante ou, pour un fêtard expérimenté, elle peut sembler rafraîchissante.

Le terme de schéma, un modèle organisé de connaissances préalables, a été utilisé pour la première fois dans la communauté psychologique dans les années 1930 par Frederick Bartlett dans son ouvrage *"Remembering" : A Study in Experimental and Serial Psychology"* de Frederick Bartlett.[66] Les comparaisons avec les schémas donnent deux résultats possibles : le schéma peut être maintenu et complété, ou il peut être évité.[67] Les modèles sont rarement répétés exactement comme un schéma établi, mais ils sont aussi rarement évités complètement. Lorsque l'on compare des schémas analogues, l'intérêt réside dans le degré de respect du schéma : le schéma penche-t-il davantage vers une convention schématique établie, ou existe-t-il des aversions distinctes qui éloignent le schéma de la convention ? La connaissance et la conscience des schémas dans un domaine particulier permettent de distinguer plus facilement l'aversion d'un compositeur pour les schémas établis. Par conséquent, les chercheurs d'un domaine d'étude particulier seront familiarisés avec les schémas apparentés et pourront reconnaître les subtilités des schémas.[68]En ce qui concerne la musique, les schémas relatifs à la structure musicale sont particulièrement utiles au répertoire du XVIIIe siècle, car la majorité des structures musicales, tant à grande qu'à petite échelle, étaient fortement basées sur les conventions stylistiques de l'époque.

Le mot *convention* est dérivé du mot médiéval-latin *conventus,* qui signifie accord ou alliance.[69] Par conséquent, un compositeur qui utilise des conventions structurelles dans un morceau de musique a un *accord* avec ses auditeurs ; il faut alors supposer que l'auditeur est conscient de ces schémas conventionnels. La conscience de tels schémas, "formés sur la base d'expériences passées . et consistant en un ensemble d'attentes (généralement inconscientes) sur l'aspect des choses et/ou l'ordre dans lequel elles se produisent"[70], a de puissantes implications musicales. Robert Gjerdingen a déclaré : "Le schéma est donc une abréviation pour "paquet de connaissances", et c'est peut-être ce qui décrit le mieux ces modèles.[71] Plus que toute autre période, l'ère classique de la musique fournit une grande quantité de pièces basées sur des conventions structurelles préexistantes. Pour comprendre pourquoi il en est ainsi, il faut se demander pourquoi un

---

[66] Robert O. Gjerdingen, *Une tournure de phrase classique : Music and the Psychology of Convention* (Philadelphie : University of Pennsylvania Press, 1988), 4.

[67] Michael Spitzer, "Haydn's Reversals : Style Change, Gesture and the Implication-Realization Model", in Haydn *Studies,* ed. W. Dean Sutcliffe (Cambridge : Cambridge University Press, 1998), 180.

[68] Gjerdingen, *Musique dans le style galant*, 11.

[69] "Convene", dans *Oxford Reference Online,*
http://www.oxfordreference.com.proxy.libraries.uc.edu/views/ENTRY.html?subview=Main&entry=t27.e3363, consulté le 15 avril 2010.

[70] Jean Matter Mandler, "Categorical and Schematic Organization in Memory", in *Memory Organization and Structure,* ed. C. Richard Puff (New York : Academic Press, 1979), 263.

[71] Gjerdingen, *Musique dans le style galant*, 11.

compositeur, ou plus important encore, un public, pourrait préférer l'utilisation de conventions. Janice E. Kleeman affirme que "l'existence de compositions fixes est liée à l'esthétique : notre plaisir du familier. Peut-être que les racines de ce plaisir se trouvent dans le sentiment de sécurité que procurent l'ordre et la prévisibilité". [72]

La sécurité de l'écoute musicale d'une personne dépend directement de ses expériences passées. Une personne ayant plus d'expériences passées dans un scénario donné est susceptible d'avoir accumulé un plus grand nombre d'attentes et une plus grande familiarité avec des événements futurs du même type que les personnes ayant moins d'expériences, ce qui entraîne une capacité accrue à reconnaître quand les attentes sont satisfaites. D'autre part, même si deux personnes, des musiciens classiques par exemple, ont les mêmes types d'expériences, leurs perceptions peuvent être sensiblement différentes. Si l'on assiste uniquement à des concerts de musique classique-romantique, certaines attentes en matière de motifs musicaux et de syntaxe se développent. Si un autre musicien assiste uniquement à des concerts de musique extrêmement moderne et contemporaine, cette personne développe une conception entièrement différente des normes musicales.[73] Si le concertiste de musique classique et romantique assiste à un concert de musique contemporaine, ce que cette personne peut trouver choquant peut sembler tout à fait banal pour le concertiste contemporain chevronné. Cela peut être à la fois une vertu et un vice pour les représentations modernes, car un public moyen présente une grande variété de connaissances schématiques. Le public du XVIIIe siècle, en particulier celui de Haydn, n'a pas eu l'occasion de découvrir une musique d'une grande diversité. C'est la quantité d'expérience en matière de concerts, plutôt que la variété de la musique à laquelle ils étaient exposés, qui dictait leur niveau de compétence.

La rupture des schémas dans le concerto en do majeur de Haydn suggère un certain niveau de reconnaissance des schémas dans son public, car il faudrait comprendre le schéma conventionnel lui-même pour distinguer et reconnaître les cas qui enfreignent la norme. Cela montre que le public, pendant la période de conception du concerto en ré majeur, a maintenu un niveau relativement élevé de compétence et de familiarité musicales. Dans le concerto en ré majeur, cependant, Haydn présente son propre schéma à répéter ou reste fidèle aux conventions schématiques établies, ce qui suggère une base d'écoute moins familière. Comme la répétition fait appel à la mémoire, l'importance accordée à la répétition de thèmes et de motifs dans l'œuvre suggère que le compositeur s'adresse aux perceptions d'un auditeur plus inexpérimenté.

[72] Janice E. Kleeman, "The Parameters *of* Musical Transmission", *Journal of Musicology* 4, no. 1 (hiver 1985-1986) : 12-13.

[73] L'idée de cette comparaison est tirée de Gjerdingen, *Music in the Galant Style,* 11.

Chapitre 14

Relations symbiotiques entre les participants artistiques

Dans l'interprétation, trois parties sont impliquées dans l'expérience musicale : (1) le compositeur, (2) les interprètes, et (3) les auditeurs.[76] Les interprètes sont sans importance s'il n'y a pas de musique à interpréter, et ils n'ont personne pour qui jouer s'il n'y a pas de public. De même, le public n'a pas de représentation à laquelle assister s'il n'y a pas d'interprètes. L'interdépendance entre les interprètes et le public est effectivement présente. Dans la relation entre l'artiste et le public, il y a une symbiose entre les deux parties, car aucune ne peut exister sans l'autre. La relation entre le compositeur et le public peut sembler unilatérale, seul le public ayant besoin du compositeur. Et si la relation compositeur-auditeur était tout aussi pertinente que la relation interprète-auditeur ?

Le public joue un rôle important dans la trilogie compositeur-interprète-audience, et c'est peut-être le plus important de tous. Janice E. Kleeman aborde quatre processus présents dans l'expérience musicale. Le premier est (1) la construction, qui est le rôle principal du compositeur. Bien que l'on puisse dire que l'interprète joue un rôle dans la construction d'une œuvre, il est préférable de le considérer comme un processus secondaire, (2) la re-construction. À l'aide de la partition, l'interprète reconstruit une composition en se basant sur un ensemble détaillé de formules musicales qui transmettent le produit prévu par le compositeur. Après cela, l'auditeur entame le processus de (3) perception et de mémoire. L'auditeur entend la musique interprétée et, sur la base de ses expériences passées uniques et de ses intuitions musicales, il est en mesure de s'engager à mémoriser certains aspects de la musique. Dans le troisième processus, l'auditeur commence à se souvenir de groupes de sons, et si l'un d'entre eux présente des similitudes avec des groupes de sons déjà entendus, il sera d'autant plus facile de s'en souvenir.[77] Le quatrième processus est celui de la sélection (4). C'est là que le public, en particulier, évalue la musique qu'il a entendue. L'interprète peut également jouer un rôle dans ce processus d'évaluation, mais le public, qui est généralement composé de beaucoup plus de personnes que les interprètes, a un grand mot à dire en termes d'évaluation musicale et détermine ainsi si le morceau sera entendu par d'autres publics ou s'il doit cesser d'être joué à l'avenir. [78]

On pourrait soutenir que l'évaluation de la musique est un être entièrement subjectif, car l'opinion musicale est susceptible de varier selon les goûts, mais il existe certaines constantes qui s'appliquent aux auditeurs en général. Les gens aiment généralement les défis, mais ils n'aiment pas ceux qui sont impossibles

---

[76] Karol Berger, "Toward a History of Hearing", 405.

[77] Kleeman, "The Parameters of Musical Transmission", 21.

[78] Ibid, 22.

à relever ; et c'est certainement vrai en musique. Ces défis musicaux se présentent souvent sous la forme d'une imprévisibilité. Si elle donne de l'intérêt à la musique, une trop grande imprévisibilité rend la musique inintelligible pour l'auditeur. D'autre part, la prévisibilité rend la musique compréhensible, mais trop de prévisibilité dans cette direction rend la musique ennuyeuse et terne. Ainsi, la valeur musicale "est une épée à deux tranchants, éloignant à la fois l'insipide et l'ésotérique". [79]

À bien des égards, l'évaluation revient à la théorie des schémas et à l'idée d'attentes. Un équilibre doit être trouvé entre l'adhésion aux schémas et la divergence créative par rapport à ceux-ci. En entendant un groupe de notes, ou même un schéma plus large de matériel musical, l'auditeur va immédiatement, et inconsciemment, "le faire correspondre à des informations préalablement codées qui sont stockées dans la mémoire à long terme ; c'est la reconnaissance des schémas".[80] La reconnaissance des formes renvoie à la notion de formes structurelles, ou conventions, et découle d'un contrat musical entre le compositeur et l'auditeur. Ce contrat appartient principalement au compositeur et à son *public cible,* qui serait le public de la période pour laquelle il a composé. Comme la répétition suscite certainement le renforcement, la compréhension et le souvenir, l'utilisation de cette technique par Haydn et ses décisions d'éviter, cette technique montre un compositeur qui connaissait bien son public, a composé en fonction de ses niveaux de conscience uniques et, ce faisant, a maintenu l'esthétique du XVIIIe siècle de l'auditeur actif.

Conclusion

Les passages des deux concertos pour violoncelle examinés dans ce document ne tentent pas de présenter une collection exhaustive de répétitions et de divergences de motifs, mais cherchent plutôt à fournir une étude de cas complète des différents types de dispositifs que Haydn a utilisés pour cultiver les capacités perceptives uniques de ses auditeurs. Les occurrences écrasantes de divergence de motifs dans le concerto en do majeur et d'adhérence de motifs dans le concerto en ré majeur montrent la progressivité du premier et le conservatisme du second.

Le classement des concertos en fonction de leurs caractéristiques stylistiques ne vise pas à imposer un jugement sur l'un ou l'autre, car tous deux sont des joyaux du répertoire. Leur classification dans ce document représente un regard analytique sur l'utilisation par Haydn de techniques simples et complexes. Un autre changement de perspective a la capacité de faire pencher la balance dans d'autres directions, révélant ainsi des relations dichotiques alternatives dans la musique de Haydn. Cependant, le fait de considérer la musique du point de vue des schémas ne caractérise pas seulement le style structurel des œuvres, mais aussi le type de public.

---

[79] Ibid, 2.
[80] Ibid, 6.

Le dernier concerto en ré majeur montre une attention plus stricte aux pratiques conventionnelles, ce qui pourrait être considéré comme étrange compte tenu du penchant habituel de Haydn pour un traitement plus libéral des procédures constructives. Cette particularité disparaît toutefois lorsqu'on prend en considération le public auquel il s'adresse, ainsi que son désir d'adhérer aux objectifs esthétiques du XVIIIe siècle. Bien que la richesse de l'ornementation et la virtuosité du concerto en ré majeur puissent être trompeuses, Haydn a utilisé des réalisations simplistes de modèles structurels qui rendent l'œuvre accessible et compréhensible pour ses auditeurs. Il a créé des thèmes liés de manière motivante qui font paraître les nouveaux thèmes familiers, suivent les attentes prévues pour les formes des sonates et des concertos, s'en tiennent aux schémas galants typiques et connus, gardent les phrases courtes et prévisibles, incorporent des éléments de musique folklorique et font en sorte que ses mélodies semblent indigènes à la voix, tout cela en reprenant des éléments de schémas que l'auditeur de base posséderait.

Le concerto en do majeur, souvent reconnu comme une pièce pour les jeunes violoncellistes en devenir, ne se moule guère aux pratiques prévisibles. Utilisant des mélodies beaucoup moins florissantes que le concerto en ré majeur, le concerto en do majeur, apparemment simple, traite de la structure musicale de manière progressive et complexe. Avec autant d'archétypes de la période classique basés sur la répétition et la réitération, cette pièce en contient très peu d'exemples. Contrairement au concerto en ré majeur, les motifs ne suivent pas de près les schémas établis. Au lieu de réaffirmer les schémas connus pour les auditeurs, il les évite complètement. La plaisanterie avec les attentes ne réussit que si l'auditeur est capable de reconnaître les schémas normaux d'anticipation. Les auditeurs du concerto en do majeur étant déjà familiarisés avec les schémas de l'époque, Haydn n'avait aucune raison de les réaffirmer, et avait donc la liberté de composer en dehors des restrictions liées aux attentes. Avec le dévouement de Haydn envers l'auditeur actif, on doit supposer que le choix du compositeur de s'affranchir de la norme était basé sur sa confiance dans la conscience de son public.

Les deux concertos présentent une cartographie des motifs schématiques qui correspondent directement à l'esthétique de la période classique. Les différents usages des motifs représentent toutefois une esthétique singulière, car le style de chaque concerto s'aligne sur le type de public auquel il s'adresse. La satisfaction de l'esthétique du XVIIIe siècle exigeait que l'œuvre parle aux capacités et aux goûts du public, et le changement de procédures formelles de Haydn reflète un accommodement pour son auditeur. Le public de Haydn à la cour d'Esterhaza désirait du drame et de l'originalité, et il était versé dans le langage musical conventionnel. La progressivité entendue dans le concerto en do majeur exprime la progressivité des auditeurs à la cour. La régression de l'originalité et de la divergence stylistiques dans le concerto en ré majeur montre un public moins élitiste. La décision de Haydn de fournir ou de nier la répétition de ces motifs reflète son engagement à aider la perception de son auditeur. La capacité de Haydn à transmettre des idées par la manipulation de motifs montre plus qu'une fluctuation entre des styles simples et complexes : elle démontre une brillante ingéniosité dans la composition. Haydn a sans aucun doute compris son public et a cultivé des relations qui ont assuré une écoute et une compréhension actives, et ce faisant, il a réaffirmé l'importance du partenariat compositeur-auditeur et l'importance de la communication dans l'exécution musicale.

Bibliographie

Agawu, Kofi. "Les modèles tonaux de Haydn : Le premier mouvement de la sonate pour piano en mi bémol majeur, Hob. XVI:52." Dans *Convention in Eighteenth- and Nineteenth-Century Music : Essays in Honor of Leonard G. Ratner,* édité par Wye J. Allanbrook, Janet M. Levy et William P. Mahrt, 322. Stuyvesant, NY : Pendragon Press, 1992.

Aiello, Rita. Introduction à "Tonality and Expectation", par Jamshed J. Bharucha. Dans *Musical Perceptions,* édité par Rita Aiello avec John A. Sloboda, 213-39. Oxford : Oxford University Press, 1994.

Babbitt, Milton. "Who Cares if You Listen ?." *High Fidelity* 8, no. 2. Février 1958 : 38-40, 126-127.

Badley, Allan. "Concerto." Dans *Haydn*, édité par David Wyn Jones, éditeur consultant Otto Biba, 41-51. Oxford : Oxford University Press, 2002.

Balthazar, Scott L. "Intellectual History and Concepts of the Concerto : Some Parallels from 17501850." *Journal of the American Musicological Society* 36, no. 1 (printemps 1983) : 39-72.

Beechey, Gwilym, William Boyce et J.H., "Mémoires du Dr William Boyce". *The Musical Quarterly* 57, no. 1. Janv. 1971 : 87-106.

Berger, Karol. "Vers une histoire de l'audition : The Classic Concerto, A Sample Case". Dans *Convention in Eighteenth- and Nineteenth-Century Music : Essays in Honor of Leonard G. Ratner,* édité par Wye J. Allanbrook, Janet M. Levy et William P. Mahrt, 405-30. Stuyvesant, NY : Pendragon Press, 1992.

Berry, Wallace. *Forme en musique : Un examen des techniques traditionnelles de la forme musicale et de leurs applications dans les styles historiques et contemporains.* 2nd ed. Englewood Cliffs, NJ : Prentice Hall, 1986.

———. *Fonctions structurelles en musique.* Englewood Cliffs, NJ : Prentice Hall, 1976.

Bond, Mark Evan. "Haydn, Laurence Sterne, et les origines de l'ironie musicale." *Journal of the American Musicological Society* 44, no. 1 (1991), 57-91.

———. *Rhétorique sans paroles : La forme musicale et la métaphore de l'oraison. Etudes d'histoire de la musique.* Rédacteurs en chef Lewis Lockwood et Christoph Wolff. Cambridge : Harvard University Press, 1991.

Botstein, Leon. "La musique et son public : Les habitudes d'écoute et la crise du modernisme musical à Vienne, 1870-1914 (Autriche)". Doctorat, Université de Harvard, 1985.

———. "Le public". *The Musical Quarterly* 83, non. 4. Hiver 1999 : 479-86.

———. "La fin de l'écoute philosophique" : Haydn au XIXe siècle". Dans *Haydn and His World, sous la direction d'*Elaine Sisman, 255-88. Princeton, NJ : Princeton University Press, 1997.

———. "Retourner à une autre tradition philosophique." *The Musical Quarterly* 82, no. 2. Été 1999 : 225-31.

Cadwallader, Allen, et David Gagne. *Analyse de la musique tonale : Une approche schenkarienne*. New York : Oxford University Press, 2007.

Caplin, William E. *Classical Form : Une théorie des fonctions formelles pour la musique instrumentale de Haydn, Mozart et Beethoven*. Oxford : Oxford University Press, 2001.

―――. "La cadence classique" : Conceptions et idées fausses". *Journal of the American Musicological Society* 57, no. 1 (2004) : 51-117.

Clark, Caryl, éd. *The Cambridge Companion to Haydn*. Cambridge : Cambridge University Press, 2005.

Churgin, Bathia. "Harmonic and Tonal Instability in the Second Key Area of Classic Sonata Form." Dans *Convention in Eighteenth- and Nineteenth-Century Music : Essays in Honor of Leonard G. Ratner, publié sous la direction de* Wye J. Allanbrook, Janet M. Levy et William P. Mahrt, 23-58. Stuyvesant, NY : Pendragon Press, 1992.

Culshaw, John. *Le Concerto*. Réimpression de l'édition de 1949. Westport, CT : Greenwood Press, 1979.

Eastcott, Richard. *Esquisses de l'origine, du processus et des effets de la musique*. Bain : 1793.

Eisen, Cliff. "The Rise (and Fall) of the Concerto Virtuoso in the Late Eighteenth and Nineteenth Centuries." Dans *The Cambridge Companion to the Concerto,* édité par Simon P. Keefe. Cambridge : Cambridge University Press, 2005.

Epstein, David. *Au-delà d'Orphée : Études sur la structure musicale*. Cambridge : The MIT Press, 1979.

Forman, Denis. *La forme concerto de Mozart : Les premiers mouvements des concertos pour piano*. New York : Praeger Publishers, 1971.

Garland, Joel. "Le rôle formel à grande échelle du thème d'entrée en solo dans le concerto du XVIIIe siècle". *Journal of Music Theory* 44, no. 2 (automne 2000) : 381-450.

Geiringer, Karl. *Haydn : Une vie créative en musique*. En collaboration avec Irene Geiringer. Berkeley : University of California Press, 1982.

Gjerdingen, Robert O. *Un tour de phrase classique : La musique et la psychologie de la convention*. Philadelphie : University of Pennslyvannia Press, 1988.

―――. *Musique dans le style Galant*. Oxford : Oxford University Press, 2007.

Gotwals, Vernon. *Haydn : Deux portraits contemporains*. Une traduction avec introduction de la *Biographische Notizen uber Joseph Haydn de* G.A. Griesinger et de la *Biographische Nachrichten von Joseph Haydn de* A.C. Dies. Madison, WI : The University of Wisconsin Press, 1968.

Grave, Floyd K., et Margaret G. Grave. *Franz Joseph Haydn : Un guide pour la recherche*. New York : Garland Publishing, 1990.

Green, Douglass M. *Forme en musique tonale : Une introduction à l'analyse*. New York : Holt, Rinehart and Winston, Inc. 1965.

Hadow, W. H. *Sonata Form*. Réimpression de Novello, édition de Londres. New York : The H. W. Gray Co., 1979.

Heartz, Daniel. *Haydn, Mozart et l'école viennoise, 1740-1780*. New York : W. W. Norton & Company, 1995.

-------- . *Mozart, Haydn et le début de Beethoven, 1780-1802*. New York : W. W. Norton & Company, 2009.

---et Bruce Alan Brown. "Galant". Dans *Grove Music Online. Oxford Music Online*, http://www.oxfordmusiconline.com.proxy.libraries.uc.edu/subscriber/article/grov e/music/10512 (consulté le 15 avril 2010).

Haimo, Ethan. "La "riposte modifiée" de Haydn." *Journal of Music Theory* 32, no. 2 (automne 1988) : 335-51.

Harutunian, John. *Styles des sonates de Haydn et de Mozart : Une comparaison*. Vol. 113 des *Études sur l'histoire et l'interprétation de la musique*. Lewiston, NY : The Edwin Mellen Press, 2005.

Haydn, Joseph. *Concertos pour violoncelle*. Avec Gautier Capucon, Daniel Harding et l'orchestre de chambre Mahler. Virgin Classics 7243 5 45560 2 9. Disque compact. 2003.

————. *Concertos pour violoncelle et orchestre*. Avec Sebastian Comberti et l'Orchestre du Siècle des Lumières. Classiques pour violoncelle CC1023. Disque compact. 2009.

-------- . *Concertos pour Violoncelle*. Avec Jean-Guihen Queyras, Petra Mullejans et Freiburger Barockorchester. Harmonia Mundi HMC 901816. Disque compact. 2004.

-------- . *Concert en D fur Violoncello und Orchester. Hob. Vllb : 2*. édition et préface de Sonja Gerlach. Traduit par Roger Cement. Kassel : Barenreiter, 1988.

————. *Koncert in C fur Violoncello und Orchestrer, Hob VIIb : 1*. édition et préface de Sonja Gerlach. Traduit par Roger Cement. Kassel : Barenreiter, 1988.

————. *Concertos pour violoncelle en do et ré majeur, Symphonie n° 104 en ré majeur*. Avec Pieter Wispelwey et Florilegium Musicum Rotterdam. Canal Grande CG 06007. Disque compact. 2006.

Hepokoski, James. "Au-delà du principe de la sonate." *Journal of the American Musicological Society* 55, no. 1 (printemps 2002) : 91-154.

---, et Warren Darcy. *Éléments de la théorie des sonates : Normes, types et déformations dans la sonate de la fin du XVIIIe siècle*. Oxford : Oxford University Press, 2006.

————. "La Césure Médiale et son rôle dans l'exposition de sonates du XVIIIe siècle". *Music Theory Spectrum* 19, no. 2 (automne 1997) : 115-54.

Hill, Cecil. *Forme de la sonate : Une introduction*. Calgary : Detselig Enterpries, 1987.

Jones, David Wyn. *La vie de Haydn*. Cambridge : Cambridge University Press, 2009.

Keefe, Simon P. "Koch's Commentary on the Late Eighteenth-Century Concerto : Dialogue, drame et relations solistes/orchestre". *Musique et lettres* 79, no. 3 (août 1998) : 368-85.

---, ed. *The Cambridge Companion to the Concerto*. Cambridge : Cambridge University Press, 2005.

Kennedy, Michael. "Haydn, Franz Joseph." Dans *The Oxford Dictionary of Music,* 332-34. Oxford : Oxford University Press, 1985.

Kerman, Joseph. *Concerto Conversations : Les conférences Charles Eliot Norton 1997-98*. Cambridge : Cambridge University Press, 1999.

Kleeman, Janice E. "The Parameters of Musical Transmission." *Journal of Musicology* 4, no. 1. Hiver 1985-1986 : 1-22.

Landon, H.C. Robbins et David Wyn Jones. *Haydn : sa vie et sa musique*. Londres : Thames and Hudson, 1988.

Larsen, Jens Peter. *Haendel, Haydn et le style classique viennois*. Traductions d'Ulrich Kramer. Ann Arbor, MI : UMI Research Press, 1988.

————. *Le nouveau bosquet Haydn*. Liste de travail de Georg Feder. New York : W. W. Norton & Company.

Layton, Robert, éd. *A Companion to the Concerto*. Londres : Christopher Helm, 1988.

Lehmann, F.J. L'*analyse de la forme en musique*. Oberlin, OH : A. G. Comings & Son, 1919.

Leichtentritt, Hugo. *Forme musicale*. 3e impression. Cambridge : Harvard University Press, 1959.

Mandler, Jean Matter. "Organisation catégorique et schématique en mémoire". In *Memory Organization and Structure*, édité par C. Richard Puff, 259-65. New York : Academic Press, 1979.

McVeigh, Simon. La *vie des concerts à Londres de Mozart à Haydn*. Cambridge : Cambridge University Press, 1993.

Mellers, Wilfrid. *Le principe de la sonate (vers 1750)*. Londres : Rockliff, 1957.

Minsky, Marvin. "Musique, esprit et sens." *Computer Music Journal* 5, no. 3. 1981 : 28-44.

Morrow, Mary Sue. *La vie de concert dans la Vienne de Haydn : Aspects d'une institution musicale et sociale en développement*. Stuyvesant, NY : Pendragon Press, 1989.

Newman, William S. *La sonate à l'époque classique*. Deuxième volume de *A History of the Sonata Idea*. 3e édition, New York : W.W. Norton & Company, 1972.

Pauly, Reinhard G. La *musique à l'époque classique*. 3e édition. *Prentice Hall History of Music Series*, sous la direction de H. Wiley Hitchcock. Englewood Cliffs, NJ : Prentice Hall, 1988.

Plemmenos, John. G. "L'auditeur actif : Attitudes des Grecs à l'égard de l'écoute de la musique au siècle des Lumières". *British Journal of Ethnomusicology 6, 1997 :* 51-63.

Ratner, Leonard G. *Classic Music : Expression, forme et style*. New York : Schirmer Books, 1980.

Redfern, Brian. *Haydn : Une biographie, avec un aperçu des livres, des éditions et des enregistrements.* Hamden, CT : Clive Bingley, 1970.

Rosen, Charles. *Formes de la sonate.* New York : W. W. Norton & Company, 1980.

———. *Le style classique : Haydn, Mozart, Beethoven.* New York : The Viking Press, 1971.

Schafer, Murray R., éditeur avec commentaire. *Ezra Pound et la musique : La critique complète.* Londres : Faber et Faber, 1978.

Simon, Edwin J. "Sonate en concerto : Une étude des sept premiers concertos de Mozart". *Acta Musicologica* 31, no. 3-4 (juillet-décembre 1959) : 170-85.

Slonimsky, Nicolas, Laura Kuhn et Dennis McIntire. "Haydn, (Franz) Joseph." Dans *Baker's Biographical Dictionary of Musicians,* éd. par Laura Kuhn, 3 : 1495-1500. Édition du centenaire. New York : Schirmer Books, 1992.

Spitzer, Michael. "Les renversements de Haydn : Changement de style, geste et modèle de réalisation des implications". Dans Haydn *Studies*, édité par W. Dean Sutcliffe, 177-217. Cambridge : Cambridge University Press, 1998.

Stevens, Jane R. "An 18th-Century Description of Concerto First-Movement Form". *Journal of the American Musicological Society* 24, no. 1 (printemps 1971) : 85-95.

———. "Thème, harmonie et texture dans les descriptions romantiques classiques du premier mouvement du concerto". *Journal of the American Musicological Society* 27, no. 1 (printemps 1974) : 25-60.

Tovey, Donald Francis. *Concertos.* Vol. 3 des *Essais d'analyse musicale.* Londres : Oxford University Press, 1936.

———. *Les formes de la musique.* Préface de Hubert J. Foss. New York : Meridian Books, 1957.

Veinus, Abraham. *Le Concerto.* Garden City, NY : Doubleday, Doran and Company, 1944.

Webster, James (texte et bibliographie) et George Feder (liste de travail). "Haydn, (Franz) Joseph". Dans *The New Grove Dictionary of Music and Musicians,* édité par Stanley Sadie, 11:171-271. 2e édition, New York : Grove's Dictionaries, 2001.

Wheelock, l'*ingénieuse plaisanterie de* Gretchen A. *Haydn avec l'art : Contextes de l'esprit musical et de l'humour.* New York : Schirmer Books, 1992.

Zaslaw, Neal, éd. *Les concertos pour piano de Mozart : texte, contexte, interprétation.* Ann Arbor, MI : The University of Michigan Press, 1996.

Zander, Rosamund Stone, et Benjamin Zander. *L'art du possible.* New York : Penguin Books, 2002.

Annexe des tableaux et exemples

Tableau 1. Disposition thématique de R1 et S1 dans le Concerto en do de Haydn

EXPOSITION	R1	S1
Primary Theme Area (P)	**R1:\P**  • mm. 1–5	**R1:\P** • Same as Ritornello 1 • mm. 21–26
Transition Theme Area (TR)	**R1:\TR**  • mm. 6–11	None! (a rare occurrence) • The PAC that ends R1:/P serves as a rhetorical medial caesura due to the ellipsis of the TR- zone[81]
Secondary Theme Area (S)	**R1:\S1.1**  • mm. 15–19	**S1:\S** • A new theme • Begins in the tonic key but quickly moves to the appropriate key of the dominant[82]  • mm. 27–36
	R1:\S1.2  • mm. 15–19	**R1:\S1.2** • Same as Ritornello 1 • mm. 36–40
Closing Area (C)	**R1:\C1**  • mm. 19–21	**R1:\C** • Same as Ritornello 1 • mm. 40–42 **S1:\C** • A new theme  • mm. 42–47

[1] On trouvera une explication de ce "défaut de quatrième niveau" dans Hepokoski et Darcy, *Elements of Sonata Theory,* 29.

[1] Un thème en S qui commence dans la tonique mais qui se fond dans la tonalité correcte est également décrit dans Hepokoski et Darcy, *Elements of Sonata Theory,* 29.

Tableau 2. Disposition thématique des R1 et S1 du Concerto en ré
de Haydn

EXPOSITION

	R1	**S1**
Primary Theme Area (P)	**R1:\P**  • mm. 1–6	**R1:\P** • Same as Ritornello 1 • mm. 29–34
Transition Theme Area (TR)	**R1:\TR** • Begins like R1:\P but then merges into transitional material  • mm. 7–12	**R1:\TR** • Same as Ritornello 1 but with extension featuring virtuosic display: **S1:\TR Ext.** 
Secondary Theme Area (S)	**R1:\S**  • mm. 13–16	**R1:\S** • Same as Ritornello 1 but with elaborate virtuosic extension based on S1:\TR Ext
Closing Area (C)		**S1:\C**  • mm. 70–77
	R1:\C1.1  • mm. 16–19	
	R1:\C1.2 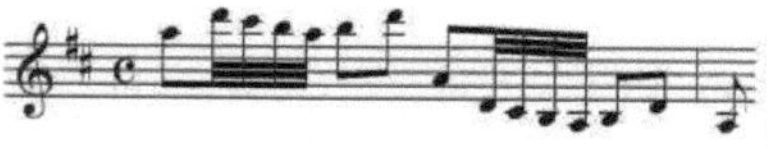 • mm. 19–26	
	R1:\C2 • based on the primary theme 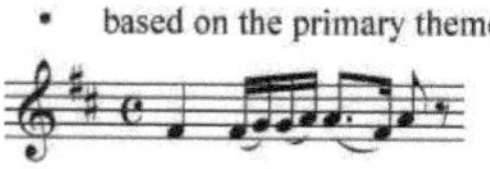 • mm. 26–28	

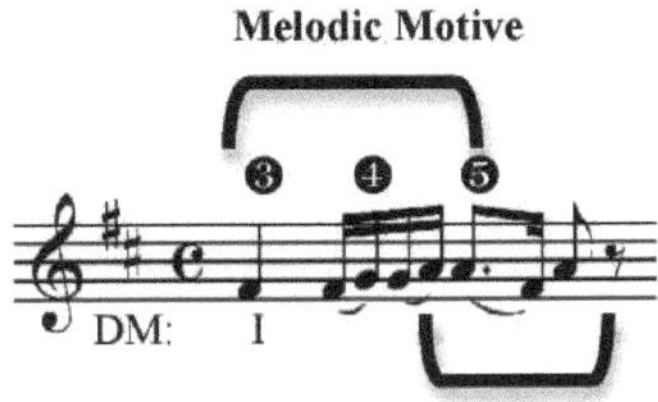

Example 2. Haydn, Concerto en ré, deuxième mouvement, mm. 1-2, motifs mélodiques et

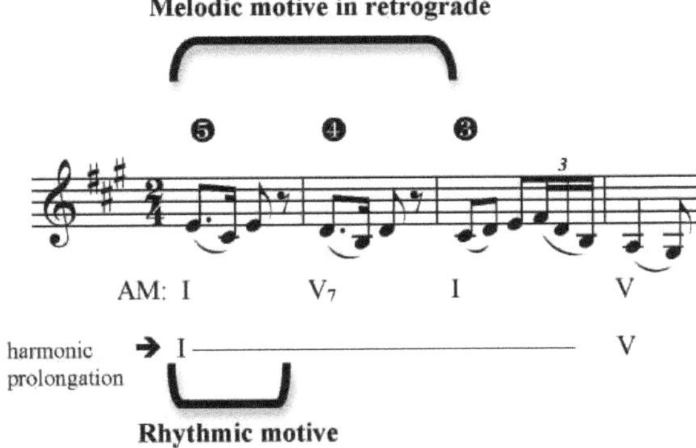

rythmiques.

Example 3. Haydn, Concerto en ré, troisième et premier mouvements, mm. 1-2 et m. 1, comparaison

thématique.

Exemple 4. Haydn, Concerto en ré, troisième mouvement, thème
du refrain.

Exemple 5. Haydn, Concerto en do, troisième mouvement, mm. 41-55, thème d'ouverture (R1:\P)
avec soliste.

Exemple 6. Haydn, Concerto en do, troisième mouvement, mm. 60-61, grands sauts
dans le registre.

Example 7. Haydn, Concerto en do, troisième mouvement, mm. 68-70, grands sauts de registre et

doubles jeux.

Example 8. Haydn, Concerto en ré, premier mouvement, mm. 1-6 et mm. 29-34, comparaison du thème R1:\P entre la ritournelle orchestrale (R1) et les rotations solo (S1).

Example 9. Haydn, Concerto en ré, premier mouvement, mm. 13-16 et mm. 50-80, comparaison de thèmes secondaires entre la ritournelle de l'orchestre et les rotations des solistes.

Example 10. Haydn, Concerto en do, premier mouvement, mm. 12-15, thème secondaire présenté en R1 (R1:\S).

Example 11. Haydn, Concerto en do, premier mouvement, mm. 27-30, nouveau thème secondaire présenté en S1 (S1:\S).

Example 12.   Haydn, Concerto en do, premier mouvement, mm. 102-107, présentation du thème secondaire en récapitulation.

Example 13.   Haydn, Concerto en ré, premier mouvement, mm. 1-6, extension de la phrase.

Exemple 14. Haydn, Concerto en do, premier mouvement, mm. 1-5, extension
de la phrase.

Exemple 15. Haydn, Concerto en ré, deuxième mouvement, mm. 1-8, présentation originale du
thème.

Exemple 16. Haydn, Concerto en ré, deuxième mouvement, mm. 9-16, répétition du
thème.

Example 18. Haydn, Concerto en do, deuxième mouvement, mm. 16-24, répétition du thème avec extension de la phrase.

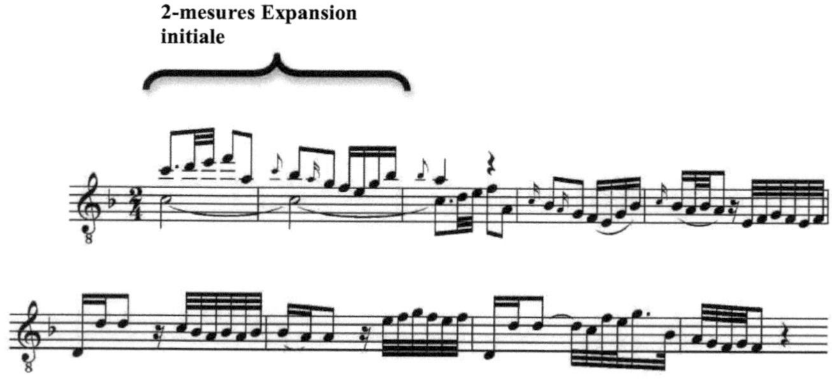

Example 19. Le schéma de l'Imprimeur est basé sur la *Musique dans le style Galant de* Robert O. Gjerdingen. [83]

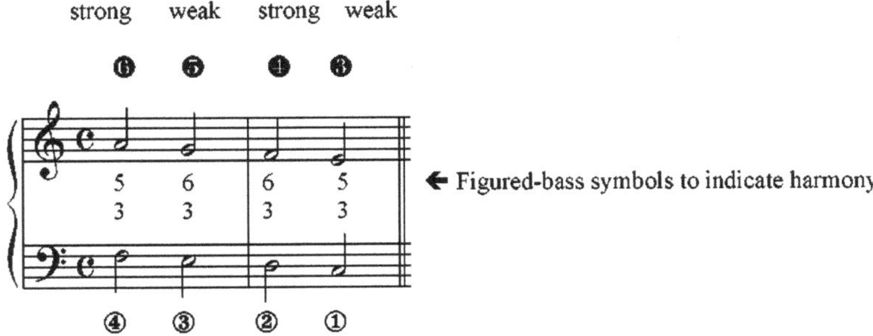

Example 20. Haydn, Concerto en ré, premier mouvement, mm. 30-31, mélodie et ligne de basse, schéma Prinner.

---

[1] Gjerdingen, *Musique dans le style galant,* 455.

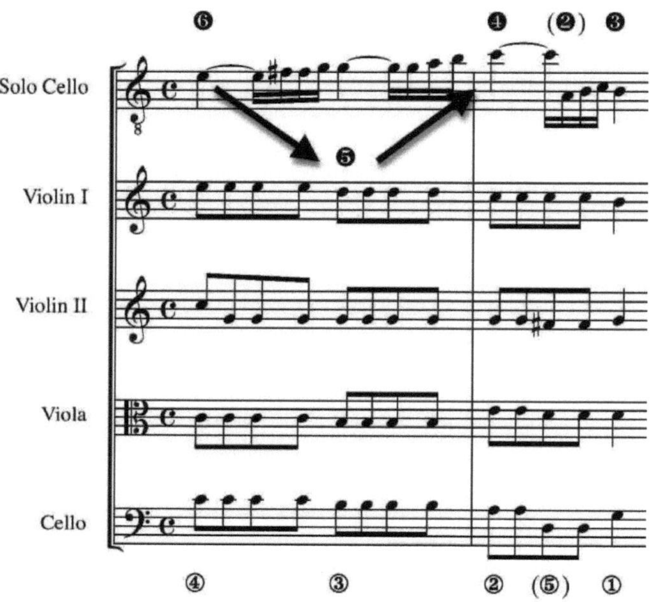

Exemple 22. Schéma de la clause Mi-Re-Do basé sur Gjerdingen.[84]

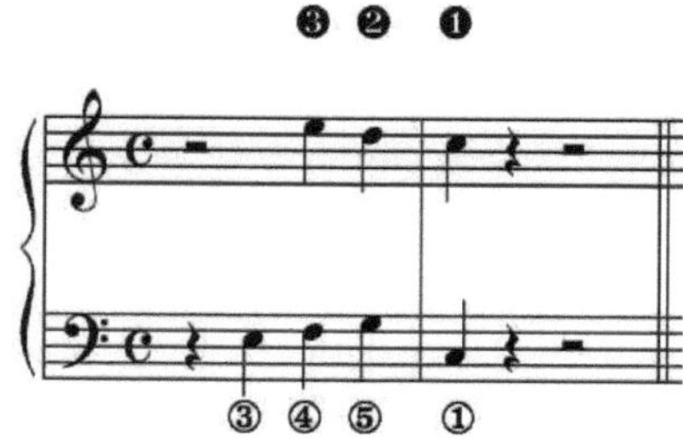

[1] Ibid, 140-44.

Exemple 24. Haydn, Concerto en ré, deuxième mouvement, mm. 47-50, Schéma de la clausule Mi-Re-Do.

---

[85] Ibid.,146-49.

Exemple 25. Haydn, Concerto en do, deuxième mouvement, 40-51, schéma de la clausule de Cudworth.

More
Books!

Printed by Books on Demand GmbH, Norderstedt / Germany